내가 예수님 옆에
예수님이 내 옆에

평범한 부장집사가
계절과 함께 들려주는
특별한 심방과 신앙 이야기

내가 예수님 옆에
예수님이 내 옆에

안선우 지음

평범한 부장집사가 계절과 함께 들려주는
특별한 심방과 신앙 이야기

생각나눔

목차

제1부

봄의 이야기

"우리가 가장 보고 싶어 하는 봄은
땅속에 감추어져 있을 때이고
하나님이 가장 보고 싶어 하는 나는
마음속 감추려는 모습이다."

봄꽃 가득

봄날의 심방은 싱그러운 아이들을 만나는 기쁨과 함께 봄꽃과 인사를 나누게 해준다.

4월 어느 봄날 통학버스 타는 아이들 기다리면서 만난 벚꽃의 흐드러짐은 지금도 기억이 생생하다. 그리고 교정마다 피어난 꽃들은 늘 나를 반갑게 반겨준다. 특히 오래된 교정일수록 꽃의 향이 더욱 진하게 느껴지는 것은 배경이 주는 효과 때문일 것이다. 다양한 꽃들의 이름을 다 알 수 없어서 때로는 앱으로 찍어서 찾아보기도 하고 때로는 마냥 학생들이 올 때까지 바라보고 있노라면 평안함을 느낀다. 꽃이 진다고 하지만 또 다른 꽃이 핀다. 꽃은 꽃으로 이어진다. 생명은 생명으로 이어진다. 이것이 하나님의 창조 섭리임을 깨닫는다. 찬양의 가사처럼 오늘 피었다 지는 꽃으로 살아가는 인생이지만, 하나님의 사랑은 영원하기에 우리의 삶은 늘 주님의 향기를 발하는 꽃이 된다. 그리고 인생이라는 계절의 초봄을 살아가는 우리 학생들이 진정한 하나님이 지으신 영원한 생명의 꽃이다.

詩

오랜 교정일수록

꽃의 향기와 빛깔이 깊다.

-봄비 내리는 구암초에서

봄날 모내기: 하나님의 일하심

　가장 먼 학교 심방을 다녀오는 날이다. 부모님이 두 분이 다 선생님이셔서 아이를 집 앞에서 통학버스를 태운다고 하여 그곳에 이르러 아이들을 만나고 왔다. 돌아오는 길, 모내기를 앞둔 논을 보면서 농부들이 논을 갈고 물을 대고 정성스럽게 모를 심어 가을 수확을 그리듯이 지금의 심방의 걸음걸음이 풍성한 열매를 맺게 하기를 기대한다. 그리고 다시 계절이 바뀌어 수확을 이룰 때 다시 한번 심방을 마음속으로 약속한다. 가까운 곳이든 먼 곳이든 심방의 마음은 같다. 중요한 것은 학생을 만나는 자리는 어디든 따뜻하고 좋다. 들판의 푸르름이 황금 들녘으로 물들어가는 과정을 순간순간 확인할 수는 없지만, 뜨거운 여름을 견디어내기로 다짐한 농부처럼 내 마음도 어떤 어려움이 있어도 심방의 걸음걸음을 묵묵히 걸어보기로 다짐해 본다. 그리고 가을이 되면 다시 이 들녘을 찾을 것이고, 알곡이 알알이 맺혀있듯 예배당의 빈자리도 가득 채워지길 소망하며 기도한다.

詩

호수도 마음도

녹일수 있는건

따뜻한 무엇뿐.

따뜻한 무엇은

보이지 않을뿐

지금도 일하심.

- 논 옆 회현초에서

봄비: 바람의 무게를 정하시며
물의 분량을 정하시며

등교 심방 중 처음으로 비가 왔다. 추적추적 빗소리를 들으며 우산을 들고 걸어오는 학생들을 만나 은혜와 감사의 시간을 가졌다. 빨간 우산, 파란 우산, 찢어진 우산 등 우산이 주는 풍경의 재미도 쏠쏠하다. 오랜만에 내리는 비를 맞으며 바람의 무게와 물의 분량까지 정하시는 하나님. 욥기서 새벽 말씀을 다시 한번 묵상하여 본다. 그리고 나의 기도와 헌신의 무게 그리고 믿음의 분량을 돌아본다. 맑았다, 흐렸다, 비 오다 또 햇살. 날씨 같은 하나님을 향한 나의 변덕스러운 마음을 모든 것을 정하시는 하나님께 비추어본다. 심방의 걸음이 오로지 하나님께 영광이 되길 소망하며, 나의 앞으로의 모든 걸음을 인도하실 하나님을 기대한다.

詩

봄비를 머금은

대지는 분연히

일어섭니다.

초록을 머금은

나무는 짙음이

깊어집니다.

- 봄비가 내리는 용문초에서

봄, 봇물 터지는 것 같은 기쁨:
문을 열고 들어오는 아이

  심방의 가장 큰 기쁨은 오랫동안 교회에 나오지 못한 아이들 만나고 그 아이가 그 주일에 문을 열고 예배의 자리에 들어오는 모습을 발견하는 것이다. 그때의 감정은 이루 말할 수 없으며, 그 맛으로 심방을 이어가는 것 같다. 실제로 부모님이 의료 보건 분야에 있다 보니 코로나로 인해 교회에 오는 것이 길어지고 결국 장기결석자가 된 아이들. 연락하고 만나서 할아버지의 손을 잡고 문을 열고 들어오는 두 남매의 모습을 보고 화장실에 가서 한참을 울었다. 하나님께서 나에게 주시는 심방의 가장 큰 기쁨을 주심에 감사함이 넘친다. 그 이후로도 아이들은 꾸준하게 나오고 있으며, 할아버지와도 친해지고 있다. 예수님도 우리의 방황하는 모습을 보면서 많이 안타까워하셨을 것이다. 찾아가도 굳게 닫힌 마음으로 예수님 만남을 회피하는 우리의 모습을 보며 마음 아파하셨을 것이다. 그런데도 그 사랑에 다시 주님 앞에 갔을 때 주님도 감격의 눈물을 흘리셨을 것이다. 이렇게 날 사랑하는 예수님의 마음을 느꼈기에 심방을 결코 멈춤이 없음을 다짐하고 다짐한다.

詩

이른 아침 심방길에는

늘 봄꽃이 피어있다.

늘 그렇게 기다린다.

　- 기쁨의 감격 당북초에서

파릇파릇한 봄 같은 학생을 보면 나의 꿈을 생각해 보다: 나의 문학은 곰보빵으로부터

초등학교 2학년 때 담임선생님께서는 방과 후에 밥을 먹고 학교에 다시 나오게 하셨다. 어렴풋이 기억이 나는 건 가을에 글짓기 대회를 대비하기 위해 봄부터 학교에 나와 산문과 운문을 쓰게 하셨다. 시골에서 아이들과 산으로 들로 돌아다니기도 부족한 시간에 원고지에 삐뚤빼뚤 한 편의 글을 완성해야만 끝이 나곤 했다. 선생님께서는 점심을 먹고 찾아가면 원고지와 그날의 주제를 주시고 시나 수필을 쓰라고 하셨다. 봄, 어머니, 선생님, 학교, 친구 등 소소한 소재였지만 일주일에 3일을 그렇게 글을 쓰는 것이 쉽지 않았다. 하지만 나에게는 두 개의 동기부여가 있었다. 우선은 글을 마무리해야 운동장에서 기다리고 있는 친구들을 만날 수 있는 것과 또 하나는 담임선생님께서는 늘 곰보빵과 우유를 간식으로 챙겨주시곤 했다. 지금이야 흔한 곰보빵이지만 그때는 가게에서 파는 보름달 빵과는 맛이 다른 정말 맛있는 빵이었다. 그렇게 1학기를 자의 반 타의 반으로 글을 쓰고 가을에 있는 관내 글짓기 대회에서 금상을 받았고, 지역 내 주일학교 학생들의 어린양 솜씨 자랑에서도 1등 상을 받아 많은 분 앞에서 발표하여 큰 박수를 받은 기억이 지금도 생생하게 자리하고 있다. 작가가 되고 싶은 꿈도 한때는 있었지만, 지금은 취미로 글을 쓰고 그저 나의 글에 흡족해하는 삶에 만족하고 지내고 있다. 오늘 자녀들과 채만식 문학관에 들렀다가 어린 시절 나름 문학과 함께했던 그 시절이 문득 떠올랐다. 그때 그 시절 담임선생님의 열정과 부족한 글임에도 아낌없는 칭찬이 오늘날 그래도 글을 쓰는 일을 즐거워하고 책을 좋아할 수 있도록 이끌어 준 것 같다. 그리고 늘 챙겨주시던 곰보빵 또한 그때의 추억을 새록새록 떠올려준다. 내가 누군가의 관심과 배려, 칭찬의 힘으로 삶을 긍정적이고 윤택하게 사는 것처럼 나도 내가 만나는 모든 이에게 이렇게 선한 영향력을 끼치고 살아야 함 또한 깨닫게 되었다. 그것이 바로 문학의 또 다른 정의가 아닐까 생각해 본다.

詩

심방 중에 초등학교 등나무 아래

아무 생각 없이 아이들을 기다리며 앉아 있다.

딱 좋은 바람, 딱 좋은 햇살,

딱 좋은 그늘, 딱 좋은 온도.

분명 그분의 위로와 만지심이다.

　- 꿈을 떠오르게 해준 산북초에서

따뜻한 봄날 같은 추억:
군 시절 새벽기도 이야기

심방 대상 학교 근처에 군인들이 탄 차가 지나간다. 조금 일찍 학교에 나왔는데 아직 동이 다 트기도 전 훈련을 하는지 여러 대의 군용차가 군인들을 가득 태우고 내 차 옆으로 지나간다.

20여 년 전 군 시절이 떠오른다. 교육 장교로 근무하던 시절 필승교회(군 교회)에서는 부활절을 앞두고 특별 새벽기도회를 했다. 목사님께서는 새벽기도에 빠지지 않는 장병에게는 큰 선물을 하겠다고 말씀하셨다. 나는 그동안 매일 나가지는 못했지만 군 생활 신앙의 좋은 계기가 되리라 생각하고 2주 동안 개근하리라 다짐했었다. 2주 동안 근무가 총 3번, 그중에 두 번은 한 번은 당기고 한 번은 미루었지만, 한 번은 도저히 바꿀 수가 없어 일단은 새벽기도 개근을 목표로 신앙심이 투철한 몇몇 병사들과 함께 하루하루 새벽기도에 출석했다. 2주 동안 목사님께서 주기도문을 설교하셨다. 첫날 말씀하신 하늘에 계신, sky와 heaven의 차이를 설명하셨던 설교가 지금도 어렴풋이 남아있다. 그렇게 순조롭게 진행되던 중 나의 근무 날 새벽 시간 즈음 함께 근무하는 병사에게는 근무지 순찰을 한다고 하고 실제 경계구역인 수송부를 지나 병사들 순찰하고 교회로 발걸음을 담대하게 옮겼다. 그리고 예배 시작과 동시에 들어갔다가 설교가 끝나자마자 군종병에게 나의 출석을 알리고 살며시 부대로 복귀하였다. 엄밀히 말하면 근무지 이탈이지만 다행히 어떤 사고 없이 완전범죄로 끝나는 듯하였다. 하지만 부활절 새벽기도회 출석 상을 시상하는데, 유일한 장교로서 개근상을 받게 된 나는 대표로 상을 받게 되었고 그날 예배에 참석한 대대장에게 불려갔다. 육사 출신의 깐깐한 대대장은 혼을 내거나 징계를 내리는 대신 장교의 책임에 대한 짤막한 훈계와 앞으로 병사들 종교행사에 더욱 본을 보이고 잘 이끌라는 격려를 해주셨다. 상막했던 군 시절… 신앙인으로 주일성수마저도 쉽지 않았던 군 생활 가운데 그런데도 하나님이 기뻐하지 않는 일을 구별하며 지낼 수 있었던 것은 부대 안에 있었던 필승교회, 그리고 그곳에 먼저 계셨던 하나님의 은혜이다. 그 뒤로 군대 교회 주일학교 교사로 봉사하고 연말 대대별 찬양대회에서 병사들과 함께 교회에서 라면을 끓여 먹으며 「이 산지를 내게 주소서」, 「주만 바라볼지라」 불렀던 찬양곡은 지금도 한 소절 한 소절이 감사이며 큰 은혜이다. 이 새벽 다시 한번 새벽기도의 갈급함과 군 시절 더 순수했던 신앙의 기억들이 떠오른다. 그때도 계셨고 지금도 살아계신 하나님. 감사로 하루를 시작해 본다.

詩

봄꽃들은 아직

얼굴도 내밀지 않았는데,

하늘빛 따사로운 온기와

물빛 살랑살랑 바람으로

봄의 설렘을 깨운다.

　- 군 시절 설렘을 깨워준 소룡초에서

따뜻한 초대 1: 귀한 가정으로 초대 대접

두 번째 심방을 갔다가 귀한 대접을 받고 왔다. 학생 부모님이 선교사 부부로 한국으로 오셨는데 집으로 초대하여 티타임을 가졌다. 사모님이 중국분이셔서 중국식 식단의 풍성함을 보았다. 어눌한 한국말이지만 축복하고 칭찬하고 격려해 주시는 사랑의 언어는 또렷하였다. 사람은 긍정의 말을 배우는 것 같다. 중국 선교 이야기와 한국으로 돌아와서 교회 적응 이야기. 그리고 유치부 때 보았던 아이와도 즐거운 시간. 귀한 가정에 하나님의 축복이 깃들길 소망하고 심방의 걸음마다 함께하시는 하나님께 감사함을 드렸다. 심방은 만남이다. 예수님께서 삭개오의 집에 유하며 심방하였듯이 우리는 주 안에서 함께함이 복이고 은혜이고 감사이다. 다소 어색할 수 있었던 중국인 집사님과의 대면이 오늘의 만남을 통해 더욱 부드러워지고 자녀들을 대하는 이해의 지경을 넓힐 수 있음은 심방이 우리에게 주신 큰 유익이라는 것을 깨닫는다. 그리고 그 가정을 위한 기도의 제목을 알 수 있음 또한 감사이다. 심방은 모든 것에 유익하다.

詩

땅의 남쪽은

늘 내가 있는 곳보다

따뜻하여 어느 때고

먼저 물든다.

나의 발밑은

늘 내가 있는 곳에서

기름진 땅의 복으로

먼저 채워진다.

　- 따뜻한 환대를 받은 고 선교사님 집에서

따뜻한 초대 2: 가정을 심방하다

뜻밖의 초대였다. 교회 찬양대를 통해 알게 되고 친하게 된 집사님이 집사님 아들 심방 날짜에 집으로 초대해 주셨다. 마침 그 친구가 그 학교의 유일한 교회 학생이라 흔쾌히 집에 방문했다. 풍성한 음식 대접과 학생이 지내는 모습에 감동하였고, 집을 열어주심에 감사함을 느꼈다. 그리고 이어지는 성도의 교제, 피아노를 치시는 집사님이 글 쓰는 것을 좋아하셔서 서로의 글쓰기 취미를 공유하면서 시간을 함께 보냈다. 심방은 만남이다. 결코 혼자 할 수 없기에 이렇게 좋은 기회로 성도를 만나고 교제하니 기쁘지 않을 수 없다. 미리 좋아하는 반찬 등을 물어봐주시고 그대로 차려주신 집사님의 마음이 참 고맙다. 사역자도 아니고 부장집사를 이렇게 섬겨주시는 귀한 마음이다. 주님께서는 오늘도 지금도 나의 마음의 문을 두드리시며 나의 마음을 찾아와주신다. 이런 나는 무엇으로 주님께 대접할 수 있을까? 우리 주님이 정말 좋아하시는 것을 제대로 알고 있는지 물어본다.

詩

봄바람이 차가울 때가 있습니다.

봄바람이 세찰 때도 있습니다.

그래도 봄은 봄입니다.

네 계절을 마음에 품고 사는

나 또한 늘 봄처럼 따뜻하고

늘 가을처럼 성숙하지 못할 때가 많습니다.

나는 누군가에게

어느 계절일까요?

때론 여름 태양 같은 불같은 화를

때론 겨울 추위 같은 얼음 같은 냉정함을….

봄은 어떤 모양이든 봄이듯

나는 어떤 모습이든 나임을.

     - 귀한 초대를 받은 서해초에서

푸른 봄 파란 교정:
학교가 가장 푸르고 예쁘다

5월의 학교의 교정은 안 예쁜 곳이 없다. 그리고 5월의 푸르른 아침은 마음을 늘 설레게 만든다. 그리고 밝고 환한 학생들을 따뜻한 봄날 파란 교정에서 만난다는 것은 봄날이 주는 가장 큰 기쁨 중 하나이다. 우선 따뜻한 햇볕에 살살 불어오는 봄바람 교정은 예쁜 초록으로 물들어간다. 플라타너스의 호젓함이 평안함을 준다. 그리고 교정에 심어둔 꽃들은 가장 아름다운 빛깔로 물들어간다. 어쩌면 학생들을 만나러 가는 길인지 꽃을 만나러 가는지 모를 정도라고 연신 카메라에 예쁜 꽃들을 담는다. 그리고 교정을 바라볼 때마다 이곳 교장 선생님이나 학교를 관리하시는 분들의 꽃과 자연에 대한 취향을 알 수 있음이 또한 재미있다. 유난히 화단의 정리가 정갈하게 잘된 학교를 보면 이곳 교장 선생님을 참 꼼꼼하신 분임을 느낄 수 있고, 화려한 꽃들이 여기저기 수놓아져 있는 것을 보면 또한 그에 비추어진 성격을 생각해 본다. 그래도 꽃은 참 예쁘다, 특히 봄꽃은 더욱 예쁘며, 꽃이 가장 예쁜 곳은 학교의 교정이라 느낀다.

詩

복숭아꽃, 복사꽃, 도화꽃

어떤 이름이든 참 잘 어울리고

예쁘고 참 예쁘다.

성도, 예수님의 제자,

하나님의 자녀 어떤 이름이든

참 잘 어울리고 싶고

그분 앞에 귀하고 싶다.

　　- 꽃들이 예뻤던 나운초에서

심방의 위로: 기도

심방을 하다 보면 가정적으로 어려운 학생을 만나고, 초등학생이 감내하기 어려운 고통의 시간을 걷고 있는 학생을 만난다. 그들을 어떻게 위로해야 하는지는 오래전 목사님께 배운 대로 하고 있다. 예전에 목장의 강사로 봉사했던 동네의 학교에 서있으니 그때의 기억이 다시 또 떠오른다.

10여 년 전 30대 초반의 일이다. 그때 당시 구역 전도사님의 권유로 목장의 강사로 섬기게 되었다. 그때 당시 무슨 교만함에 선뜻 그 일에 순종하였는지는 알 수 없지만 주일 목사님 설교를 잘 듣고 정리하여 구역 성도님들과 함께 나누는 시간이었다. 아무것도 모르고 신앙의 성숙함도 여물지 못한 자였으나 젊은 집사가 열심히 한다고 칭찬해 주시는 어머니 연배의 권사님, 집사님의 칭찬이 꽤 좋기도 하였다. 그렇게 섬기던 중 구역 집사님 한 분에게 치명적인 질병이 발병했다는 이야기를 들었다. 돌아오는 주 구역예배가 마침 그 집사님 댁이었다. 나는 정말 큰 고민과 갈등 부담감이 나를 짓눌렀다. 내가 과연 위로할 수 있을까? 어떻게 위로를 해야 하는가? 도무지 엄두가 나지 않았다. 구역예배 날은 다가오고 예배를 어떻게 인도해야 할지 막막함과 두려움에 위로에 관한 성경 말씀들과 서적도 찾아보고 했지만, 오히려 부담감은 커지고 있었다.

나는 용기를 내어 담임목사님께 메일을 보냈다. 한마디로 도움을 요청한 것이다. 담임목사님께서는 그리 길지 않은 답장을 주셨다. "진심으로 기도해 주세요". 사람의 입으로 나오는 어떤 말보다 진심으로 기도하라 말씀하셨다. 그렇다. 나는 이 문제를 받아들고 기도하지 않았다. 그저 지식으로 지혜로 해결하고자 몇 날 며칠 헤맸던 것임을 알게 되었다. 그 시간 이후로 시간을 내어 기도했으며, 구역예배 시간에도 주일설교 말씀을 준비된 대로 전하고 구역 식구들과 함께 전심으로 기도하였다. 그분은 그 이후로 수술도 잘되고 여전히 교회 봉사를 하고 계신다.

지난 토요일 고등학교 친구의 아내의 남편 소식에 나는 다시 위로라는 말을 떠올려야 했다. 갑작스럽게 남편과 초등학생 아들 둘을 남기고 떠난 친구의 아내의 장례식장…. 한걸음에 달려가는 길에서 나는 기도했다. 그리고 어느 장례식장보다 침울한 그곳에서도 난 친구의 손을 붙잡고 길게 이야기하지 못했다. 그저 내가 배운 그리고 하나님이 가르쳐준 위로의 방법, "진심으로 기도할게. 힘내라."라고 말할 수밖에 없었다. 누군가의 슬픈 죽음이 나의 삶의 태도와 감정에 투영시키는 그것조차 교훈이 된다고 말하는 것이 참 가벼웠음을 깨달았다. 돌아오는 길, 눈물조차 흘리지 못하는 친구의 눈빛과 아직은 아무것도 모르는듯한 해맑던 두 아이의 눈망울 자꾸 떠올랐다.

그래, '진심으로 그들을 위해 기도하자.' 그것뿐인 것 같다.

詩

겨울은 새봄을 이기지 못하고

머묾은 떠남을 이기지 못하고

파도는 바람을 이기지 못하고

시련은 기도를 이기지 못한다.

　- 기도가 위로임을 다시 깨달은 진포초에서

봄꽃 페튜니아: 꽃말

심방의 장소에선 만난 페튜니아! 꽃 이름이 생소하여 찾아보
니 꽃말이 참 예쁘다. "당신과 있으면 마음이 편해집니다." 참
따사로운 꽃말이다. 아침 심방길에서 우리 학생을 만나면 마음
이 편해지고, 교사들과 함께하면 마음이 편해지고, 하나님이
늘 함께하니 마음이 편안하다. 심방은 이렇게 늘 페튜니아처럼
편안함을 준다.

詩

꽃은 늘 피어있다.

물론 꽃은 진다.

하지만 우리 주변에는

계절이 바뀌어도 늘 꽃이 피어있다.

꽃들이 꽃들에 생명을 이어준다.

해바라기 나팔꽃이 피었다가

코스모스 구절초가 피고

이 계절이 지나면 동백꽃이 피겠지

모양, 빛깔, 향은 달라도

늘 피어나는 꽃처럼

우리의 삶이

매일매일 다르지만 비슷하고,

비슷하지만 다르더라도

예수그리스도의 향기 나는 삶으로

예쁘게 향기롭게 늘 피어나길

　　– 페튜니아가 핀 문화초에서

봄 햇살같이 따뜻한 학생:
그들이 전하는 인사

심방을 하면서 참 많은 학생을 만났지만, 학생들이 나를 대하는 태도나 자세나 모든 것이 다 다르다. 만남 자체가 어색한 학생도 있고, 세상 누구보다 반갑게 맞이해주는 학생도 있다. 이런 친구들의 모습을 보면 아침부터 마음이 참 좋다. 특히 "여기 먼 곳까지 와주셔서 감사합니다." 이렇게 인사를 하는 학생들은 도대체 어떤 양질의 예절 교육받았는지 궁금해지기까지 하다. 상대를 향한 배려의 마음을 배운다. 그리고 작은 간식을 건네주는 친구, 선생님 먼저 가시라고 손 흔들어주는 친구, 친구를 소개해 주는 친구. 정말 모양은 다르지만, 아침을 기분 좋게 만들어주는 것은 같다. 오늘도 날 찾아오시는 주님께 이렇게 제가 있는 작고 초라하고 먼 곳까지 와주셔서 감사한다고 기도로 인사를 건넬 줄 아는 자가 되어야겠다. 오늘도 학생에게서 배운다.

詩

땅밑의 새싹들이 두근거리는 봄!

발끝의 분주함이 두근거리는 봄!

우리는 그렇게 시작했고

심방으로 기억될 아름다운 봄

아름답게 기억될 봄이 있다는 것은

새로운 계절을 열심히

살아갈 힘을 준다.

  - 참 예의 바른 학생을 만난 소룡초에서

자녀 심방: 막내딸을 심방하다

아빠는 아침에 심방을 늘 가지만 정작 자신의 학교는 찾아오지 않는다고 딸이 투덜댄다. 언제 올 거냐고 재촉하지만 일정대로 움직이는 것이라 딸이 오라고 해서 먼저 갈 수는 없다. 이른 아침마다 심방을 나가는 아빠의 뒷모습을 바라보는 자녀의 마음은 어떨까 생각해 보았다. 그 시간에 원거리로 통학하는 큰딸과 아들은 자기들을 태워다주라고 투정을 부리지 않아 다행이다. 언제부터인지 아빠의 이른 아침 심방이 세 자녀에게는 당연한 것으로 여겨지고 있는 것 또한 다행이다. 그래도 초등학교에 다니는 막내딸은 연신 본인의 학교에 와주길 바라는 마음을 비추는 것을 보면 막내는 막내임이 분명하다. 오늘 막내 딸아이 심방에 앞서 드린 새벽기도의 말씀은 시편 23편이다. 여호와는 나의 목자이면서 사랑하는 나의 세 자녀의 목자이다. 하나님이 기르시면 더욱 잘 기르실 것이 분명하다.

詩

다정함은 의지이다

다정함이 유지되기 어려운

사춘기 남짓, 즈음, 초입,

하나님의 인내를 배운다.

　 - 막내딸 학교 월명초에서

인생의 봄날의 시간을 걷고 있는 자녀 이야기 1: 아빠 애정 결핍 대사 증후군

아침에 눈을 뜬 아들이 속이 매스껍고 배가 아프단다. 가끔 그럴 때마다 밥 잘 먹어야지 하고 학교에 보냈다. 아침 시간 등교 심방을 나가느라 세 자녀가 어떻게 학교에 가는지 잘 모른다. 오늘도 그냥 학교에 보내려다 마침 등교 심방이 없어서 병원에 데려갔다. 기존에 다니던 소아청소년과가 아닌 일반 내과에 가서 간단한 X-ray 검사도 받아보았다. 특별히 이상이 있는 것은 아니라고 한다. 아들을 학교에 내려주고 뒷모습을 보니 많은 생각이 든다. 매일 저녁 언제 오느냐고 문자 보내고 전화하는 것은 아들이다. 저녁 시간 밥 먹었냐고 물어보고 야식으로 라면 먹자, 치킨 먹자고 하는 것도 아들이고, 여름날 에어컨 켜놓는다고 언제 오느냐고 물어보는 그것도 아들이다.

당연한 것들을 당연히 여기는 것이 가족이지만, 이제 좀 더 세 자녀에게 관심이 필요한 때이다. 다음 주면 등교 심방도 끝나니 아침 시간도 좀 더 농밀하게 가지고, 직장도 바쁜 시기가 지났으니 저녁에도 함께, 주말에도 함께 더욱 시간을 보내야겠다. 하늘 아버지 하나님이 길러주심을 신뢰하며 육신의 아버지도 더욱 사랑으로 길러야겠다.

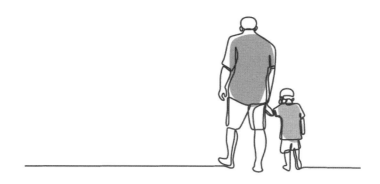

인생의 봄날의 시간을 걷고 있는 자녀 이야기 2: 넘치도록 채우시는 하나님

유치원생 때 친구들과도 잘 어울리지 못하고 적응하기도 힘겨워하는 아들을 보며 학교 들어가서 친구나 사귈 수 있을까? 우리 부부는 근심했다. 방법을 찾아 아내는 기도를 택했고, 나는 책을 펼쳤다. 아들과 단둘이 여행도 다녔고 운동도 같이하고 비밀도 공유하고 목욕탕도 부지런히 다녔다. 그렇게 3년여 시간이 지나고 슬슬 아들은 학교에 적응도 잘하고 친구들과도 제법 잘 어울리고 교회에서도 적응을 잘하는 아이가 되어있다. 오늘 아들이 14번째 생일이다. 야구 좋아하는 친한 친구를 초대해 나를 야구장으로 이끌었다. 다음 날이 주일이라 망설임이 있었지만, 아들의 중학교 친구들도 알현할 겸 시간을 내어 다녀왔다. 아들이 학교에서 모범생이거나 공부를 잘하거나 반장을 도맡아 하지는 않지만, 유치원 때 걱정했던 근심은 아무것도 아니었음을, 그리고 전도축제 때 가장 많은 친구를 전도한 전도 왕이라 부를 수 있음에 그저 감사할 따름이다.

우리 부부의 기도를 들어주신 하나님, 그분은 넘치도록 채워

주시는 분이라는 것을 아들을 통해 분명히 보여주신다. 내년
에도 우리 꼭 안고 자자구.

詩

자연이 초록이 되는 것은

봄 햇살 때문일까요?

봄바람 때문일까요?

봄비 때문일까요?

주님의 자녀가 되는 것은

나의 노력 때문일까요?

나의 능력 때문일까요?

나의 경력 때문일까요?

자연도 나도

모두 주님이 하십니다.

인생의 봄날의 시간을 걷고 있는 자녀 이야기 3: 전 세계 바이킹을 다 탈 거야

 아내가 사역지에서 1박이라도 하고 오는 날은 나와 세 자녀는 주섬주섬 짐을 챙겨 여행을 간다. 내가 살림(밥, 청소)을 전혀 못 하다 보니 집에 있는 게 여러 가지로 불편하기도 하고, 여기저기 돌아다니는 걸 좋아해서 아이들 구실삼아 여행을 간다. 특히 아빠하고만 떠나는 여행은 오롯이 아이들과의 은밀한 시간을 통해 더 철저하게 가까워질 기회이다. 마치 이스라엘 백성이 광야에서 하늘만 바라보았듯이 아이들도 엄마의 육아가 아닌 아빠만 의지하여 여행을 다녀야 하기에 아빠 관점에서 나름대로 가장이라는 아빠로서 아이들과 함께하는 의미가 있다. 방학 때 한 번씩 방문하는 서울! 첫째는 친구와 함께 shopping으로 주제를 정해 지하상가 위주로…. 둘째와 셋째는 오로지 노는 것. 놀이동산 누구보다 전율을 즐기는 막내딸이 드디어 신장 제한에서 자유로워져 바이킹부터 도장 깨기에 들어간다. 그 조그만 아이가 아찔한 바이킹을 타는 거 보면 몇 배가 더 아찔하다. 학교 소풍에서 처음으로 바이킹을 타고 온 막내딸의 소원은 전 세계 바이킹을 다 타보는 것.

"아빠, 브라질에도 바이킹 있어?"

"글쎄, 왜?!"

"브라질이 우리나라 반대편에 있으니 거기까지 타러 가면 다 타는 거잖아."

좋다. 일단 바이킹 때깔부터 다른 서울 것부터, 그리고 우리 막내딸 소원이 꼭 이루어지도록 노력하리라 다짐해 본다.

인생의 봄날의 시간을 걷고 있는 자녀 이야기 4: 아빠는 왜 누나만 좋아해?

오늘도 아들의 푸념은 계속된다. 엄마가 성경학교 사역으로 분주한 가운데, 축구를 하자는 아들과 수련회 입을 반바지를 사러 가자는 큰딸. 난 한 치의 고민 없이 큰딸 손을 잡고 옷가게로 향할 계획을 세운다. 마지못해 따라나서야 하는 아들의 표정은 어둡다.

맞다. 난 늘 큰딸이 우선이며, 큰딸에게 많은 권한도 주어 늘 엄마, 아빠 없을 때는 누나가 대신하는 것이라고 동생 둘에게 가르쳤다. 간혹 아내도 큰딸 좀 어지간히 챙기라 한다. 막내딸은 알아서 눈치도 살피고 애교도 피우면서 아빠를 차지하고 원하는 것도 얻어내지만, 아들은 중간에서 누나한테 밀리고 여동생한테 뺏기고 여간 많이 힘든가 보다. 그래도 고 녀석은 시골 할머니네 댁 가면 대놓고 간장게장 게딱지를 독점하며 할머니의 사랑을 독차지하니 그것으로 위안으로 삼으라 하고 싶지만, 자녀가 느끼는 차별은 훗날 상처가 될 수 있겠다 싶다.

그래도 아빠랑 목욕탕 다니는 것도 아들이고, 운동을 가장 많이 하는 그것도 아들이다.

자녀 셋을 똑같이 사랑하는 것이 가능할까? 글쎄 참 불가능할 것 같다. 마음은 늘 그렇게 품고 부모로서는 최선을 다한들 분명 자녀들이 느끼는 것은 다를 테니까!

그러니 애들과 하나님 아버지의 사랑을 더욱 기대해 보렴. 그분은 너희 모두 똑같이 영원히 사랑하신단다.

인생의 봄날의 시간을 걷고 있는 자녀 이야기 5: 주전인가? 비주전인가?

야구에 푹 빠져있는 아들을 데리고 프로야구 2군 경기장으로 갔다. 1군 야구장은 광주나 고척, 잠실 등 두루두루 다녀본 터라 아들 앞에 펼쳐진 2군 경기를 보는 것은 황량하면서 이상했을 것이다. 관중도 거의 없을뿐더러 흔한 응원가 하나 들리지 않고 열악한 시설 속에서 묵묵히 경기에 임하는 선수들을 바라보는 아들의 눈빛이 사뭇 진지하다. "아들아, 지금 2군에서 뛰고 있는 선수들도 고등학교 때는 엄청나게 잘했던 선수들이야. 그래서 프로에 왔는데 또 다른 경쟁을 통해 2군에 왔고 1군을 목표로 참고 운동하는 거야!" 초등학교 4학년 아이에게 뭔가 큰 것을 깨닫기를 바란 것은 아니다. 다만 우리 눈에 보이는 좋은 것, 멋진 것들이 수많은 인내와 노력의 결과라는 사실을 조금씩 알아가길 바란다. 그럼 1군은 좋고 2군은 부족한 거고? 주전이 최고이고 비주전은 실패인가? 더 나아가 나의 신앙은 주전인가? 절대 아니다.

늘 기도와 말씀으로 훈련하여야 하나 그렇지 못하고 있으며, 신앙인이라는 형식적인 것에 메여 겨우 주일성수하고 봉사 조금 하면서 선수 생명을 겨우 연명하고 있지 않나 돌아본다. 그리고 신앙의 실전인 삶의 현장에서 늘 내 생각과 내 방법대로 말은 늘 홈런이지만 행위는 삼진과 병살타, 아들에게 2군의 모습을 보여주며 교훈을 주려 했던 내 모습이 부끄러워졌다. 하나님 보시기에 큰 일꾼 작은 일꾼이 없으며, 크게 쓰시고 작게 쓰이는 것도 아니시다. 우리가 있어야 할 자리에서, 바로 삶의 자리에서 그곳이 세상의 기준으로 높든 낮든 어떤 자리에서 하나님 말씀 붙잡고 기도하며 나아가는 자가 되어야겠다. 2군 선수들이 관중이나 응원가가 없어도 서로에게 파이팅을 외치며 격려하듯 묵묵히 자리에서 하나님 한 분 바라보며 나아가는 1군, 2군이 아닌 오직 선수, 즉 성도로 나아간다.

인생의 봄날의 시간을 걷고 있는 자녀 이야기 6: 아들과 둘만의 여행

아빠: 아들, 그동안 여행한 곳 중 어디가 가장 생각나?

아들: 영덕에서 대게 먹은 거!

중학교 입학을 앞둔 아들과 둘만의 여행을 떠난다. 군산에서 영덕까지. 서 끝에서 동 끝이지만 가장 좋았던 기억이기에 기꺼이 가고자 한다. 그리 긴 일정이 아니기에 대중교통을 이용하면서 둘만의 시간에 집중하고자 한다. 3월이 되면 각자의 자리에서 분주할 수밖에 없으니 사춘기 아들에게 아빠가 해주고 싶은 이야기 몇 개 준비해 보았다. 많은 것을 기대하고 바라기보다는 그냥 두 손 꼭 잡고 다녀오련다. 여행을 마치면서 모든 관계는 노력이라는 사실을 깨달았다.

어떤 관계도 저절로 좋아지거나 이유 없이 멀어지고 서먹해지지 않는다고 생각이 들었다. 누나와 여동생과 있을 때는 볼 수 없었던 사춘기 소년의 애교는 딸들이 줄 수 없는 다른 맛이다. 그러므로 다른 결의 설렘과 기쁨이 되었다. 1박 2일 동안 서로에게 큰 소리 한 번 내지 않고 서로의 필요를 이해하며 배려하며 즐거운 여행이었다. 아빠도 사춘기를 겪었지만, 사춘기 아들을 기르는 것은 처음이라 부족하고 시행착오도 있음을 인정하면서 앞으로 중학교에서 빛날 일상을 응원하며 여행을 마무리하련다. 여행은 다행이다. "다시 할 수 없는 행복, 다음에는 다른 모양의 행복을 만들어 보자!"

인생의 봄날의 시간을 걷고 있는 자녀 이야기 7: 큰딸의 성적표와 나의 다짐

　올해 중3이 되는 큰딸의 방에서 성적표가 담겨있는 봉투를 보았다. 딸이 성적이 나왔다고 예전에 성적표를 들고 다닐 때도 보지 않았다. 당연히 궁금하지만, 사교육의 중심에 있는 내가 아이들의 성적 스트레스에 대해 누구보다 잘 알기에 스스로 오래전에 약속한 것이 있다. 절대 성적으로 자녀들에게 스트레스 주지 않아야겠다고! 설령 내가 성적을 본다 해도 성적이 바뀌는 게 아니고 괜스레 한마디 툭 던지는 게 분명 부담이 될 것 또한 잘 알고 있다. 공부를 소홀히 하는 모습을 볼 때면 가끔 조급한 마음이 들지만, 결국 학업의 성패는 본인에게 달려있음을 잘 안다. 대신 몇 점을 맞고 몇 등을 한다 해도 그에 따른 보상도 없음 또한 분명하다. 다행히 아내도 같은 생각이어서 자녀들에게 일관되게 적용할 수 있는 것 또한 다행이다. 우리 자녀들에게 바라는 것은 첫째는 신앙이고, 둘째는 인성이다. 그리고 더 바란다면 건강. 어느 것 하나 쉽지 않지만 아직은 흔들리지 않아 다행이다. 아이들이 상급학년이 되어도 성인이 될 때까지 성적에 대해 유연한 아빠가 되기로 다시 한번 다짐해 본다.

詩

봄꽃이 피면

함께 손을 잡고

그 길을 걷는 것이

사랑인 줄만 알았습니다.

그저 바람이 되어

그저 길가에 들꽃이 되어

당신 가는 길

지켜봐 주는 것이

더 깊은 사랑임을

알게 되었습니다.

인생의 봄날의 시간을 걷고 있는 자녀 이야기 8: 애착은 즐거운 고독의 시간을 증진한다

아이가 성장하면서 혼자의 시간을 양적으로 질적으로 온전히 즐기기 위해서는 부모의 애착이 중요한 역할을 한다. 혼자서 숲속을 거닐거나 목욕하고 또한 혼자서 잠을 자고 학습을 하는 모든 과정에서 아이들이 잘 적응하고 오롯이 자신의 시간으로 만드는 것은 그러한 일들을 유도한 부모님의 애착과 한 걸음 뒤에서 지켜보고 있다는 믿음의 결과물들이다.

세 자녀를 기르면서 이제 제법 자기 할 일들을 스스로 하고 있지만, 자녀들이 자신감을 느끼는 영역과 부분들은 분명 부모가 더 세심하게 살펴주고 옆에서 격려하고 칭찬해 주었던 것들임이 보인다. 신앙의 훈련도 마찬가지인 것 같다. 무조건 성경 어디 외워가 아니라, 외우는 모습을 바라봐주고 부모가 관심을 기울이고 있음을 느끼는 가운데 그 혼자서 무언가를 하는 시간의 질은 향상되고 양은 증가하고 있음을 명심하고 실천해야겠다.

詩

숲속의 새는 노래하나
우리는 운다고 말한다.
호수의 물은 일렁이나
우리는 잠잠하다고 말한다.
봄이 가고 있지만
우리는 여름이 온다고 말한다.
하나님은 일하지만
나는 무심하다고 말한다.

인생의 봄날의 시간을 걷고 있는 자녀 이야기 9: 부모는 base camp

　부모가 아이를 더 크고 더 먼 세상으로 보낼 수 있는 건 손을 잡고 끝까지 걸어주는 것이 아니라 어느 시점에 든든한 base camp가 되어 아이를 놓아주는 그것으로 생각한다.

　다만 base camp에 도달하기 전 아이의 몸과 마음을 튼튼하게 만드는 것이 중요한 역할이며, 많은 신뢰와 애정이 아이가 새롭고 다양한 길에 도전하며 더 먼 곳으로 오를 수 있는 동기 부여와 원동력이 되는 것이다. 혹 길을 잃으면 연락이 닿아 일러줄 수 있고, 지치면 다시 돌아와 힘을 충전할 수 있는 그 정도의 역할이면 충분하다. 절대 끝까지 갈 수 없음을 늘 명심해야 한다.

　그러면서 부모는 자녀에게 사랑을 주어도 되지만 생각을 주어서는 안 된다.

　아이 셋이 제법 자라면서 자신들의 생각이 형성되어가고 있는 것 같다. 하지만 여전히 부모로서 아이들에게 사랑을 심어주기보다는 내 생각을 심어주려고 하는 것 같다. 그러면서 일방적인 순종을 강요하고 있는 건 아닌지 생각해 본다. 아이는 나를 통해 왔지만 나로부터 온 게 아니고, 나랑 같이 살지만 나의 소유는 아니라고 한다. 하나님이 잠시 맡겨두신 그들이 나의 자식이 아닌 그들의 삶 자체를 하나님의 생각으로 하루 하루 살아내길 바라야 함이라.

詩

나의 열심으로는

나의 물질로는

공허함을 절대 채울 수 없다.

나의 창조자를 기억하고

그분에게 가까이 나아가야만

채워지는 것임을

인생의 봄날의 시간을 걷고 있는 자녀 이야기 10: 살려주세요~! 포수가 와서 빵 쏜대요

어린 시절 숱하게 불렀던 이 동요가 어느 순간 슬프게 들린 건 우리 자녀들이 하나둘 셋씩 태어나 한창 기를 때인 것 같다. 집에서 포수 아빠를 기다리고 있을 아이들이 떠올랐다. 그저 아빠가 잡아 올 음식만을 기다리고 있을 아이들. 그러나 오늘도 누군가가 토끼를 숨겨주어 허탕을 치고 어깨가 축 늘어진 채 터덕터덕 집으로 향하는 아빠 포수의 모습과 해가 뉘엿뉘엿 지는 산기슭의 모습이 겹쳐 떠오른다. 그래서 이 동요는 슬프다. 이 시대의 아빠들이 정말 열심히 일하여 양손에 가족을 배불리 양식을 들고 당당하게 집으로 가는 멋진 모습을 소망해 본다.

詩

꽃은 웃어도 소리가 나지 않으며

나무는 슬퍼도 눈물 흘리지 않는다.

부모로서 자녀를 바라보는 마음도

소리 없이 웃음이 나올 때가 있고

눈물 없이 슬플 때가 있다.

날 향한 주님의 마음을 비치어본다.

새봄맞이 대청소: 버려야 할 것

아내: 여보 집에 있는 안 쓰는 물건들 좀 다 버리거나 정리하고 싶은데….

나: (흠칫 놀라며) 여보, 나는 버리지 말아주세요….

집에 발 뻗고 누울 자리만 있으면 아무 걱정이 없는 나와는 달리 아내는 깔끔하게 정리정돈 하기를 원한다. 아이가 셋이다 보니 첫째 때 산 책이나 옷가지 물건들을 막둥이에게도 물려주게 된다. 그러니 쉽게 정리되지 못한 것들이 집 안 여기저기 콜레스테롤이 혈관에 쌓이듯 쌓여있나 보다. 난 집안일도 많이 안 하고 못 하지만 특히 청소만큼은 아내도 나에게 쉬이 권하지 않는다. 어차피 본인이 다시 해야 하기에 일을 두 번 하지 않으리라는 생각이 오래전부터 쌓여온 듯하다.

우리는 무엇을 버리고 싶어 하며 왜 버리지 못하고 있을까? 굳이 그 물건들이 필요하지 않아도 일단은 언젠가는 쓰겠지라는 막연한 생각에 그러한 것들을 쌓다 보면 우리의 부분이자 일상이 되어버리는 것 같다. 그러다 자신도 모르게 옆구리에 살이나 뱃살을 보며 살짝 불편해하듯이 그것들이 눈에 보이지 않길 바라는 마음이 문득문득 들게 된다.

　이처럼 하나님을 믿는 자녀로서 품어야 할 것도 많지만 버려야 할 것, 쌓아두어서는 안 되는 것들도 참 많다. 누군가를 미워했던 마음도 그리고 자랑도 교만도 쌓아두어서는 안 되고, 게으름과 이기적인 마음 또한 품어두서는 안 되어야겠다. 어느 순간 내 안에 자리하고 있어 내 삶의 부분이 되어버려 버리고 싶을 때 버리지 못하는 일이 없도록 해야 한다.

　오랜만에 아내랑 길을 나선다. 낼모레 혼자 사역지를 가야 하는 아내가 길을 잘 찾아갈 수 있을까 하는 걱정스러운 마음에 괜찮다는 아내를 굳이 설득하여 도로 및 지형답사 겸 살짝 멀리 있는 길로 나왔다. 늘 내 마음은 그렇다. 아내를 혼자 어디를 보내기가 염려가 앞선다. 이런 마음은 늘 품어야 함이라! 큰비가 다녀간 하늘이 푸르고 멋지다.

詩

심방 중에 복사꽃을 보았다.
참 예쁘다 싶었는데.
잘 아는 누군가를 닮은 듯
화려하지 않은 듯 화려한
그리고 참 정결한
봄은 그렇게 그리움으로
짙어가나 보다.

심방의 각오: 「내가 그리스도와 함께」, 박윤호 선교사 이야기

40여 년 전 개복교회에 다니던 박윤호 학생은 기타를 메고 교회를 왔다 갔다 했습니다. 다들 어렵고 힘든 그 시기에 풍족하진 않았지만 그래도 여느 어떤 아이들과는 달리 굶지 않고 집 옆에 있는 개복교회를 출석하였습니다. 그러던 중 기타도 제법치고 여유가 있었던 그 청년은 유년부 교사로 섬기게 되었습니다. 그 교사의 눈에 유난히 눈에 띄는 작은 소녀가 있었습니다. 사는 곳을 물어보니 송풍동. 그때 당시 군산에서 가장 가난한 곳. 집도 아니고 판자촌에 살았지만, 그 소녀는 누구보다 열심히 기도하고 찬양하였습니다. 그래서 청년은 그 소녀를 많이 예뻐해 주고 관심을 주었습니다.

하지만 어느 날 그 소녀가 교회에 결석했답니다. 그 학생 교사는 그냥 집에 일이 있겠구나 하며 한 주가 지나고 두 주가 지나고 세 주가 지났다고 합니다. 부장 선생님과 그 학생 교사는 심방을 하기로 하고, 주소도 없는 그 판자촌을 찾아 그 소녀의 집을 찾아갔습니다. 판잣집 안에는 소녀의 어머니로 보이는 분이 있었습니다. 몰골이 많이 안 좋은 상태였고,

교회에서 온 부장 선생님과 학생 교사에게 소녀가 들고 다녔던 가방을 보여주며 슬픈 소식을 전했습니다. 그 소녀는 몇 주 전 아파서 죽었다고. 그래서 산기슭(현재 군산청소년수련원 부근 야산)에 그냥 작은 무덤 만들어 묻었다고. 그 학생 교사는 그날 그 무덤에서 밤새 울었습니다. 한 주 나오지 않았을 때만이라도 찾아갔더라면 그 소녀를 살릴 수 있지 않았을까 하는 그 죄책감에 기타 메고 다니면서 무게만 잡고 신앙생활하지 않았나를 회개하면서 그 학생 교사는 그렇게 밤새 무덤가에서 울었답니다. 그 이후 대학에 진학하여 예수전도단의 일원으로 자신의 삶을 주를 위해 살기로 하며 그 아이의 몫까지 신실하게 살기로, 주를 전하는 전도자의 길을 걷기로 다짐하였답니다. 그 청년은 그날의 그 눈물과 회개 그리고 하나님의 사랑 이야기를 담아 곡을 만들었습니다. 그 곡이 누구나 다 한 번 이상은 불러보았을, 「내가 그리스도와 함께」입니다.

개복교회 역사를 정리하면서 이 개복교회 주일학교 교사의 간증을 듣고 교사로서 나 자신이 얼마나 부끄러운 줄 모른다. 교사라는 직분을 맡고 하나님이 주신 귀한 생명을 그냥 내버려 두지 않은 지 회개하였다. 그리고 믿음의 선배 박윤호 선

교사님이 주신 은혜로 말미암아 심방의 소중함을 깨닫고, 그리고 하나님 주신 귀한 사명임을 늘 새기고 있다.

  – 직접 인터뷰한 내용을 정리한 것입니다.

제2부

여름의 이야기

"여름을 향한 초록의 마음
주님을 향한 우리의 마음"

6월, 여름 심방의 시작: 나에게 6월은

인디언들에게 6월은 옥수수 수염이 나고 더위가 시작되고
나뭇잎이 짙어지고 황소가 짝짓기를 하고
산딸기가 익어가고 물고기가 쉽게 상하고 곡식이 익어가고
괭이질하는 달입니다.
나에게 6월은 심방길에 만나는 초록빛 형형색색의 예쁜 꽃
들과
꽃그늘 아래 살랑바람 한 줄기에도 감사하는 달.

하지만 우리의 시간은 계절 안에 머무르지 않습니다.
심방의 자리에서 교사들과 함께 나누는
시원한 커피 한 잔이 지금이라는 시간을
순간으로 멈추게 합니다.
그리고 그 순간은 푸르고 푸른 그리스도의 계절이 됩니다.

詩

큰비로 탁류가 된 금강을 달리다.

강가를 따라 노랗게 핀

금계국 꽃결 위로 나비들이 출렁거린다.

하늘을 보니 학창시절 외웠던 한용운 님의 시 한 편이 떠오른다.

"지루한 장마 끝에 서풍이 몰려가는

무서운 검은 구름의 터진 틈으로 언뜻언뜻 보이는

푸른 하늘은 누구의 얼굴입니까?"

시를 떠올리며 나의 평생에 아름다운 주의 얼굴을 보며

사랑 노래하고 싶다는 찬양의 가사대로 살아가겠다는 마음을 심는다.

여름날 나누어지다: 유·초등부 분리

유·초등부가 여름날 나누어졌다. 연초에 통합되었던 유·초등부가 약속대로 100명을 달성한 후 원래 유년부, 초등부로 나누어졌다. 모든 일은 하나님이 하심이 분명하다. 하지만 사람을 통해 일하시는 하나님께서는 심방의 끈을 놓지 않고 쉬지 않고 찾아보는 자들에게 풍성한 은혜를 베풀어주셨다. 통합부서 부장 집사로 1월 첫 주에 교사들과 함께 불렀던 찬송가 302장 「내 주 하나님 넓고 큰 은혜는」을 오늘 분리되는 마지막 경건회 때 불렀다. 지난 6개월간 찬양의 가사대로… 심방도 맘껏 하고 행사도 맘껏 하고 공예배도 빠짐없이 맘껏 드리고 여전히 부족하지만, 기도도 여느 해보다 맘껏 많이 했다. 하지만 천천히 돌아보니 네 맘껏 저어가는 가운데 나 혼자 멀리 가려고 했음을 교사들 앞에서 고백하게 하셨다. 그런 중에 분명 상처 받은 분들도 계실 테고, 힘듦이 있으신 분들도 있으리라는 마음이 들었다. 하나님의 일은 협력해서 선을 이루실 때 하나님께서 기뻐하심을 머릿속으로 알고도 있고 많은 권면의 이야기도 들었지만, 그저 나만의 열심이 덮어지고 이해가 되리라는 것은 참으로 어리석은 생각이었으며, 하나님께서도 기뻐하지 않으심을 다시 한번 깨닫게 하셨다.

초등부의 부장으로 남은 하반기를 섬기게 되었다. 다시 100명을 이루고 싶다는 마음이 들다가도 똑같은 돌에 넘어지지 않아야 함을 명심한다. 교사들의 이야기에 더욱 귀 기울이고 여전히 어린 영혼들 사랑하는 마음으로 겸손하게 기도하며 나아가야겠다. 한 걸음 한 걸음 다 같이 함께 망망한 바다로 나아가리라.

여름의 꽃: 배롱나무 꽃

8월이 되면 학교의 담 옆으로 암수가 한꽃이 되어 배롱나무 꽃이 핀다. 꽃말이 친구에 대한 그리움이다.

15년을 그리워하는 친구가 있다. 함께하고 싶음을 그리워했음이 맞는 것 같다. 우리의 대화는 늘 진지했으며, 서로에게 늘 공손하였다. 고등학교 1학년 엽서 한 장으로 시작한 우정은 서로가 서로에게 신앙의 밑거름을 심어주었으며, 찬양단을 결성하여 찬양을 통해 지역의 청소년들에게 복음의 전하고 우리의 믿음 또한 키워나갔다. 그 친구는 다짐대로 신학교에 진학하여 목회자의 길을 걸었고, 나는 용기의 부족보다는 신앙심의 부족으로 문서선교의 꿈을 뒤로한 채 무난한 학과에 들어가 나름의 삶을 영위해나갔다.

고향 군산을 떠나 서울에서 공부하면서 맛집이라며 친구가 데리고 간 베트남 쌀국수 집의 첫맛이 기억이 나며, 목회자가 되어가는 친구의 모습을 통해 나는 그것이 고등학교 시절의 우리의 신앙의 열매라는 뿌듯함을 느끼었다. 친구는 군목이 되었고, 그 첫 설교의 자리에 함께하였으며, 멀리 백령도에서

군에서 생활할 때는 엄두가 나지 않았지만, 대천의 부대에 있을 때는 깊은 밤에 찾아가 새벽까지 많은 이야기를 나누었던 기억도 생생하다. 그렇게 친구는 군 전역과 함께 결혼하고 멀리 미국으로 유학의 길을 떠났다. 그것이 우리의 마지막 만남이었다.

15년이 훨씬 넘는 시간 우리는 한 번도 만나지 못했다. 나 또한 결혼하고 가정을 꾸리고 세 자녀를 키우는 과정이 치열하였으며, 친구 또한 멀리 미국 땅에서 학업을 하고 아이를 기르고 살아가는 과정이 고단하였을 것이라 생각만 들었을 뿐 쉽사리 깊은 대화를 나눌 수 있을 만큼의 여유가 서로에게는 없었던 것 같다. 친구는 학위를 마치고 부목사가 되고 어느덧 자녀도 넷이 되었다는 소식을 가끔 접하면서 그렇게 지내왔다. 늘 친구와의 만남을 그리워했지만, 한편으로 내 모습은 겉으로는 그럴듯한 신앙인으로 보였지만 고등학교 때 친구에게 약속했던 신앙의 모습보다는 늘 부족했으며, 무엇보다 하나님에 대한 열정 또한 한참 모자랐기에 쉽사리 친구 앞에 서기가 망설여진 부분도 있었다.

작년 나는 하나님이 주신 귀한 직분인 안수집사가 되었다. 많은 분의 축하와 권면 속에 마음에 가장 크게 떠올랐던 것은 미국에서 한 교회의 담임 목사님이 되어있는 친구였다. 고등학교 때 하나님께 온전히 드리기로 한 약속들을 잘 지켜나간 친구의 모습과는 달리 고작 주일성수 하며 근근이 신앙의 끈을 잡고 있던 나의 모습이 늘 마음이 짐처럼 느껴졌었다. 용기를 내어 친구에게 안수집사를 되었다는 소식을 전했다. 직분이 절대 신앙의 기준이 아니라는 것을 잘 알지만 철없는 아이처럼 친구에게 말을 전했다. 친구는 나에게 "우리 교회에도 친구 같은 안수집사님이 계시면 참 좋겠다." 친구의 그 말에 그동안 내가 지고 있던 나의 짐이 봄 눈 녹듯 사르르 녹아내려졌다. 그리고 우리는 만남을 약속했다.

지난 11월, 나는 우리 가족과 함께 친구의 가족을 늘 만나러 갈 미국 뉴욕행 표를 예약했다. 어느 때든 오면 휴가를 내서라도 많은 시간을 갖자고 한 친구의 말에 더욱 힘을 내었다, 출발일은 5월 중순으로 나의 직장과 아이들의 학사일정도 고려하여 표를 예매하고 하루하루 계획을 짜면서 친구와 만난 날을 기대했다. 그리고 생애 첫 미국이라는 땅에 대한 막연한 동경심을 가지고 하루하루를 보냈다. 하지만 코로나 19로 인해 우리는 뉴욕에 갈 수 없게 되었다. 아니 엄밀히 말하면 그 약속을 멀리 미루어 두어야 했다. 서로서로 염려하여 하나님께서는 더욱 좋은 날을 준비해 두셨을 것이라는 친구의 위로에 마음이 살포시 접어졌다.

참 아주 그립고 참 많이 보고 싶었고 참 많이 만나고 싶었기에 아쉬움이 큰 건 사실이다. 하지만 지금 나에게 필요한 것은 코로나 19로 느슨해져 버릴 수 있는 신앙을 든든히 붙잡고 가족의 건강과 평안을 위해 기도하고 노력해야 하며, 그리고 위험이 커지고 있는 미국 땅의 친구와 가족을 위해 기도해야 할 것이다. 그리고 우리가 다시 만날 그날에 고등학교 시절 우리가 만났던 하나님과 깊은 만남의 기쁨을 더욱 온전하게 나눌 수 있도록 신앙의 첫사랑을 회복하고 그때의 그 열정으로 하루하루를 보낼 것이다. 그래도 너무 보고 싶네! 박 목사 친구여.

- 배롱나무의 꽃말을 떠올리며 개정초에서

지친 여름: 이어달리기

심방을 열심히 경주하고 있는 나에게 장로님 한 분이 지난 주일 나에게 이런 조언을 해주셨다.

"하나님 일은 100m 전력 질주가 아니라 마라톤이라 생각하고 천천히 길게 가야 한다."

곰곰이 묵상해 보니 하나님의 일은 어쩌면 이어달리기 같다는 생각이 든다. 힘들고 지치면 누군가의 기도로 잠시 쉬며 힘을 얻고 다시 배턴을 이어받는…. 지난 한 달 동안 새벽마다 나의 기도 제목인 함께하는 교사들을 위한 기도를 하나님이 받으셨음을 믿는다. 처음에 심방을 다닐 때는 혼자 다녔지만, 봄날이 지나고 제법 더운 날씨가 이어지는 가운데 한 분 한 분의 교사들을 보내주셔서 함께하며 더욱 힘을 낼 수 있도록 주님께서는 인도해 주셨다.

詩

강과 바다가 만나는 곳에는

강물과 바닷물이 모이고

또 그곳에는 새와 물고기들이 살아가며

배들은 잠시 쉼을 갖는다.

나와 당신이 만나는 곳에는

서로 다른 마음이 어우러지고

그곳에는 사랑과 믿음이 자라며

삶의 작은 쉼이 되길.

　　　- 심방의 이어달리기를 깨달은 풍문초에서

야구장에서: 알 수 없는 야구, 더 알 수 없는 인생

여름의 길목에서 새로 전도된 친구들과 야구장을 갔다. 그곳에서 지난 추억을 떠올려 보았다.

초등학교 4학년 때 처음으로 아버지 따라서 간 야구장. 의자도 제대로 갖추어지지 않은 콘크리트 바닥에 앉아 바라본 야구장의 모든 것들은 생소하였다. 3대3으로 경기가 이어지다 타이거즈의 4번 타자 김봉연 선수가 홈런을 날려 MBC 청룡을 4대3으로 이겼던 그날…. 마치 영화처럼 승리와 함께 나에게 정말 시원한 바람이 불어왔다. 30여 년이 지난 지금도 야구장에서 맞이하는 시원한 바람은 그날의 기억과 그렇게 나에게 야구라는 선물을 주신 아버지에 대한 추억도 또렷이 떠오른다.

내가 그랬듯이 야구의 재미를 느낀 초등학교 학생들은 야구를 보며 환호하고 절망하고 분노하는 모습을 보면서 나의 모습이 투영되었다. 평정심을 갖기 위해서는 이기는 것도, 허무하게 지는 것도, 짜릿하게 이기는 것도, 황당하게 지는 것도 수없이 느껴야 함을 알기에 그때그때 감정표현에 이끌려 반응하지 않고 있다.

참으로 알 수 없는 게 야구다. 박민규의 소설『삼미슈퍼 스타 즈의 마지막 팬클럽』이라는 책에서도 야구는 '절망과 위로, 그 리고 다시 제자리'라는 메시지로 나에게 다가왔다. 승부를 알 수 없는 세계 속에서 절망하고 또 위로도 받으면서 결국 내가 있는 자리에서 최선의 노력을 다해야 함을 느끼는 게 야구이 다. 우리의 인생은 어떠한가? 야구와 참 많이 닮은 듯하나 또 참 많이 다르다. 같음과 다름은 결국 하나님이 내 안에 계시느 냐 안 계시느냐의 차이이다. 세상에서 절망 가운데 사는 우리 에게 찾아오셔서 영원하고 평안한 위로를 주시는 하나님을 마 음속으로 믿고 나아가는 것이 우리가 있어야 할 자리이며, 지 켜야 할 것을 명심하게 한다. 내가 초등학교 4학년 때 받은 선 물을 고스란히 우리 학생들에게 전하고 싶었으며, 꼭 해주고 싶은 말이 있었다.

"애들아, 앞으로 인생도 야구처럼 알 수 없을 때가 많을 것이 야. 그럴 때마다 절망하지 말고 우리 학생들을 많이 사랑하시 는 하나님 의지하고 나아가길 바란다. 그러면 기아타이거즈 우 승보다 더 크고 짜릿한 평안이라는 선물을 주실 것이야!"

詩

꽃이 피었으면 핀 대로

꽃이 지었으면 진 대로

햇빛이 비치면 비치는 대로

그늘의 졌으면 그늘진 대로.

그 길을 걸으면 된다.

한 번씩 뒤돌아보는 것 잊지 않고.

– 야구장 함께 간 친구의 학교 경포초에서

꺼려하는 학생들: 그래도 찾아가기

봄부터 시작한 심방이 여름으로 넘어갈 때쯤 심방을 하지 못한 학생들이 쌓여간다. 보통은 고학년 초등학생들이다. 미리 연락하고 심방의 날짜를 잡고 찾아가는 계획이라 의도적으로 다른 문으로 들어가거나 다른 친구들 사이에 끼여서 잘 발견하지 못하는 예도 있다. 아쉬운 마음을 금할 수 없지만, 그 학생의 입장을 생각해 보면 오랫동안 교회에 나오지 못했기에 어색함도 있을 것이고, 앞으로 교회를 다니지 않겠다는 의지의 표현일 수도 있겠다. 하지만 쉽게 포기할 수 없는 영혼이기에 어떻게든 친구를 만나기 위해 방법을 시도해 본다. 지나가는 학생을 붙잡고 혹시 교실에 그 친구가 와있으면 손 한번 흔들어 달라고 부탁을 한 적이 있다. 기대 없이 창문을 응시하고 있는데 진짜 4층 교실에서 손을 흔들어주는 친구를 발견하고 참 많이 기뻐한 적이 있다. 지금은 그 학생이 교회를 나오기가 쉽지 않더라도 예수님의 심정으로 방문하고 마음을 전하고 그곳에서 기도를 드렸으니 그 학생의 길은 주님께서 인도하여 주시리라 확신하다. 그날따라 돌아오는 길이 이른 아침 뜨거운 태양도 시원하게 느껴진 하루였다.

詩

나는 당신에게

늘 아침이 되고 싶습니다.

봄날의 아침처럼 상쾌하며

여름날의 아침처럼 따사로우며

가을날의 아침처럼 다정하며

겨울날의 아침처럼 포근한

　　- 유난히 시원했던 여름날 풍문초에서

무더운 여름, 심방 가는 길:
마주치는 폐지 줍는 노인분들

여름은 이른 아침부터 날이 환하다. 여름의 심방길에는 폐지를 줍는 노인분들을 더 자주 만난다. 나의 사업장인 학원 근처에도 자전거를 타고 다니시면서 폐지 등을 수거하시는 할머니가 계신다. 어느 날인가 학원에 오셔서 혹시 남는 책 같은 거 버릴 것 있으면 달라시길래 기꺼이 두 상자 정도의 문제집 등을 드렸더니 그 뒤로 자주 찾아오셨다. 맨손으로 돌아가시는 날이 많아 시험 기간이 끝나야 종이들이 많이 나오니까 그때 연락해 주겠다고 전화번호를 받아두었다.

그러던 한 달 전쯤 수업을 하고 있는데 불쑥 찾아오셨다. 수업 중이었고, 폐지도 없으니 다음에 오시라고 말씀드렸는데, 다녀가신 후에 시험 기간에 쓸 자료들을 그냥 들고 가셨다. 특히 필기해 둔 학생들의 자료까지 있었는데. 순간 너무 화가 났다. 그동안 챙겨드린 책이나 종이가 돈으로 얼마 되지는 않았겠지만 그래도 성의껏 챙겨드렸는데. 문자를 보냈다. 혹시 종이 가셨냐고. 그랬더니 그냥 밖에 나와있길래 안 쓰는 줄 알고 가져가셨단다. 그리고 며칠 후 찾아오셔서 죄송하다 하신다. 단순히 다시 뽑고 얻을 수 있는 자료들이 아니라 그때까지도 화가 가시지 않았지만, 그분에게는 어쩜 더 절실한 것이었을 수도 있다는 생각에 괜찮다고 신경 쓰지 마시라고 보냈다.

그리고 다시 한 달 정도가 흐르고 학원을 정비하면서 책들이 제법 나왔다. 차창 밖으로 자전거며 수레를 끌고 다니시는 많은 분이 계시니 그분들을 불러서 드릴까 하다, 그 할머니분께 다시 연락해야겠다는 마음이 들었다. 그래서 책이 많으니 자전거 말고 수레를 가져오시라 연락을 드렸더니 수 분 내로 오셨고, 수업 중이라 가져가실 것 알려드리고 수업이 끝내고 나왔더니 노란 봉지 안에 음료수 세 캔이 놓여있었다. 여러 가지 생각들이 든다. 인간관계가 가장 어렵다고들 한다. 하지만 인간관계가 가장 따뜻하다는 마음도 든다. 업소용이라는 콜라의 출처는 알 수 없지만, 주는 건 마음에서 나오는 것이니까. 잘못을 했으면 사과를 하면 되고, 용서를 구하고 싶으면 자신이 할 수 있는 모든 방법으로 하면 되고. 또 그것을 멋지게 받아들이고 내가 또 누군가에게 같은 실수나 잘못을 하지 않으려고 노력하면 된다. 조금만 더 여유 있게 생각하고 한 번 더 상대방의 행동과 마음을 이해하려고 노력해 보아야 한다.

詩

나의 무지함과 연약함을

객관화하는 것은 그리 오랜 시간이

걸리지 않았다.

기도는 내가 적은 정답이 맞는다고

우기는 것이 아니라 전적으로

빈칸으로 비우고 내려놓음이라.

새벽의 빛깔과 내음 참 맑고 곱다.

- 폐지 줍는 할머니를 통해 나의 무지함을 깨달은 수송초에서

더운 여름: 더 건강하게 생각하기

여름이 깊어갈수록 몸이 지친 것은 사실이다. 새벽기도를 위해 일어나는 것 또한 추운 겨울보다 더 힘들게 느껴진다. 그럴 때일수록 몸의 건강도 중요하지만, 더욱 중요한 것은 생각과 마음의 건강을 지키는 것이다. 더욱이 이른 아침에 학생들을 만나는 자리에서 좋은 에너지를 전해야 하는 심방자로서 곰곰이 고민해 본다. 그리스도인의 건강한 생각이란 무엇일까?

그리스도인의 건강한 생각하기란 고민이나 신경 쓰이는 일이 생기더라도 그게 내 삶의 이유에 관여되도록 깊은 근심으로 연결되게 가만히 놔두지 않는 것이다.

그 어떤 고심도 어려움도 주께로 향하는 생각의 걸음을 멈추게 할 수 없다. 생각하는 힘만큼 중요한 건 생각을 멈추는 힘인데, 그 멈춤이 단순히 부정적이고 근심 어림을 내버려 둠이 아니라 내 삶의 영역에 들어오지 못하도록 철저하게 경계하는 것이다. 그 경계의 벽은 결국 얼마나 긍정적이냐에 따라 높고 견고해진다. 많이 웃고 많이 웃게 하자. 심방의 자리에서 주님으로 인해.

詩

지금 내가 가지고 있는 마음이

내가 구한 마음이다.

슬픔을 생각하고 있었기에

슬픔으로 가득 차고

기쁨을 생각하고 있었기에

기쁨으로 가득 차다.

슬픔을 기쁨으로 바꾸는 것도

기쁨을 슬픔으로 바꾸는 것도

모두 나의 마음이 시킨 것이며

향하고 품은 것도 모두 내가 구한 것이다.

　　– 건강한 생각을 기르며 부설초에서

새벽녘 감사한 사람: 겸손을 보여주신 목사님

이른 새벽인데도 차량 온도계는 30도를 나타낸다. 유난히 덥고 지친 여름날 새벽, 말씀 중 겸손에 대한 말씀 구절을 듣고 오래전 나에게 겸손과 섬김을 보여주셨던 목사님이 떠올랐다. 그리고 심방의 자리를 쉼 없이 지킬 수 있는 것은 그분의 모습을 통해 배웠다.

다문화부 차량 봉사를 하면서 처음으로 대면했던 그분과는 한동안 먼발치에서만 인사 정도 했었다. 그러다 가까이에서 만나본 그분은 늘 상대방에 대한 배려가 넘치는 분이었다. 평상시 조금은 비뚤어진 생각으로 '지나친 배려는 가식이다.'라는 생각하고 있던 나의 선입견을 무참히 깨주었다. 그분은 나에게 교회일, 하나님 일을 함으로써 어떤 강요나 희생을 요구하지 않았다. 그저 모든 게 늘 감사였으며 또 감사였다. 난 나름 주안에서 교제에 대한 많은 것을 배우고 깨달았다.

우선 주 안에서의 성도의 교제는 늘 따뜻함으로 변함없이 끝까지 같아야 한다는 것.

그리고 다른 사람을 대할 때는 항상 상대방을 두 번 세 번

먼저 생각해야 하는 것. 그리고 절대 화를 내거나 불만을 표출하지 말아야 하는 것. 마지막으로 어떤 관계로든 하나님의 의를 드러내는 것. 이 모든 건 그분을 통해 내가 못하고 있는 것들을 보여주셨다. 깨달음과 실천은 또 다르다. 지금도 난 교회 앞에 성도들 앞에 몸에 배지는 않는 배려로 상처를 주고 있으며, 배려를 흉내 내려고 애쓰다 오히려 상대를 불편하게 하는 것 같다. 오직 실전이고 실천이다! 사랑하는 마음을 가지고 진심으로 웃어주며, 그들의 이야기에 집중해서 들어주고, 혹시 나의 작은 도움이 그들의 필요를 채울 수 있다면 그렇게 실천하자! 그게 심방의 자리이든 예배의 자리이든 어떤 봉사의 자리이든.

詩

연약한 가지 위에 앉는 새는

나뭇가지에 대한 믿음보다는

자기의 날개에 대한 믿음일 것이다.

연약한 가지와 같은 내 안에 찾아오신 하나님.

하나님이 함께하심이 교만이 아니라

겸손해야 하는 이유이다.

　- 겸손함의 향기를 느낀 군산초에서

여름: 밀물과 썰물 그리고 평안함

많은 사람이 나에게 직업이 있냐고 묻곤 한다. 그분들이 볼 때는 항상 교회에 있는 것 같고 항상 교회 일을 하는 그것처럼 보였나 보다. 그래서 어떻게 생계를 유지하면서 살아가는지 궁금해하는 분들이 지금도 많이 계신다. 나는 영어와 입시컨설팅 학원을 운영하는 일을 하고 있다. 이런 나에게 교회의 봉사와 직장의 일을 균형 있게 잘 해내는 일이 쉬운 일 아니다. 그런 나에게도 직업에서 고민이 물론 있다. 다만 하나님께서는 나에게 어떤 물질적인 풍요로움이 아니라 마음에 평안함을 주셨다. 1학기 기말고사 끝나고 여름방학을 앞둔 이 시기에는 대천 앞바다에만 밀물과 썰물이 있는 것이 아니라 학원에도 조수가 일어난다. 학생들이 나갔다가 또 새로운 학생이 들어온다. 달의 공전과는 무관하게 표면적 썰물 이유는 시험 성적 하락, 여름방학 연수, 그리고 선생님과의 합 등이고 학원에 등록하는 이유 또한 아이러니하게 썰물의 이유로 어딘가에서 밀물로 몰려온다.

묘한 건⋯ 언제부터 학원생이 들어오고 나가는 게 조용한 서해 어딘가의 노년의 어부처럼 태연하다. 하지만 어제 주일 설교에서 깨달은 은혜는 달랐다. 내가 그동안 태연함이라 믿었던 감정은 애써 외면과 무심함이 아니었나 싶다.

내가 품어야 할 마음은 '진정한 태연함'이다. 학생이 밀물처럼 나가도 조급해하지 않고 내가 그 학생에 대했던 태도와 열정을 차분히 곱씹어봐야 하고, 학생이 썰물처럼 오더라도 자만하지 않고 더욱 열과 성을 다해야 한다. 그러면서 그 모든 마음과 행위의 중심에는 하나님의 말씀을 가까이하고 품으라 말씀하셨다. 세상이 주는 기쁨과 위안이 아닌 그리고 애써 외면과 무시 등의 인간적인 생각이 아닌 하나님의 말씀을 통해 나의 정체성을 명확히 알고 말씀대로 살아가며 주시는 평안으로 살아가야 하겠다.

− 나의 생계를 걱정해 준 학부모를 만난 경포초에서

여름밤의 꿈: 나에게 별이란

초여름 조금 늦은 밤, 미루어 둔 심방을 하고 오면서 밤하늘에 별을 보게 되었다. 중학교 3학년(30년 전) 교내 독후감 발표 대회에 참가하여 전교생 앞에서 발표했던 알퐁소 도데의 「별」. 목가적이고 낭만적인 목동의 순수한 사랑 이야기는 오랜 세월이 흘러도 마음속에 깊이 남아있다. 사랑할 때 품어야 할 생각과 마음 앞에 늘 알퐁소 도데의 「별」은 길을 비추어주었다. 참 순수했던, 그랬기에 더욱 빛나던 '별'. 그 시절 사춘기 소년의 시절로 돌아갈 수는 없겠지만, 나의 영원한 스테파네트인 아내와 별처럼 빛나는 우리 세 아이를 지키는 목동이 되리라 다짐해 본다.

별 이야기: disaster 별이 떨어지다

　영어단어 disaster는 떨어지다 혹은 반대라는 뜻을 가진 dis와 별이라는 뜻의 aster가 결합하여 별이 떨어진다는 의미로 재앙으로 해석한다.

　유성을 불길하게 여긴 사람들이 만들었다고 한다. 별은 동방박사에게는 왕이 나신 징표였고, 먼 옛날 항해자들에게는 집으로 돌아가는 길이었고, 수많은 예술가에게는 영감의 원천이었다. 과학자들에게는 탐구해야 할 도전이며, 사랑하는 연인들에게는 사랑의 은유이며, 꿈많은 어린이들에게는 자신을 지켜주는 빛나는 친구이다. 별은 생명이며 사랑이며 희망이며 유희이다.

　하지만 우리는 별이 사라진, 별이 떨어진 세상을 살아가고 있다. 코로나로 인해 모두가 힘들고 어려움을 겪고 있다. 이럴 때 우리가 해야 할 일이 있다면 서로에게 서로가 별이 되었으면 좋겠다. 최전선에서 사투를 벌이는 의료진은 우리에게 별이 되고 있다. 우리 또한 방역수칙을 잘 지키고 나를 지키는 노력으로 이웃과 사회를 깨끗하게 하고 이 어려운 시기를 함께 잘

극복해 나갔으면 좋겠다. 우리 모두의 마음속에 결코 별이 사
라지지 않길 바란다.

詩

소년의 때는 알퐁소 도데의 '별'을 그리며
청년의 때는 윤동주의 '별'을 음미하며
장년의 때는 고흐의 '별'을 숙고하며
지금의 때는 그냥 '별'일 없이
살아가길 바라는 것 같다.
모두 어떤 '별'로 살아가는지?

詩

그분이 베풀어 주신 달빛과
그분이 아픔을 겪은 십자가
새벽녘 심연으로부터
빛이 되고 소망이 된다.

제3부

가을의 이야기

"심방길에서 만난
가을 하늘과 가을꽃은
누구의 얼굴이기에
나의 마음을 평안케 할까요?
오늘도 아름다운 주님 얼굴을
구합니다."

전도가 또 전도를 낳고: 심방의 힘

학생이 한 아이를 전도하고, 그 학생이 잘 정착하여 전도자가 되고 또 데려온 새신자가 또 데려오고. 그런 생명이 잉태되는 모습은 주일학교 교사로서 가장 힘이 나는 일이며, 감격의 일이다. 단순히 결실의 계절에서 맛보는 숫자의 열매뿐만 아니라 학생들이 마음속에 전도의 마음이 자라고 있다는 사실이 더욱 기쁘고 즐거운 일이다. 그리고 그 전도된 친구를 심방하는 일은 아주 설레는 일이다. 하나님께서 봄부터 발걸음을 옮겨 무더운 여름을 지나 가을의 시간까지 선히 이끌어주신 이유임을 깨닫는다. 향기로운 누룩처럼 번지는 초등부의 부흥 광경을 바라보면서 아침마다 만난 학생들이 얼굴 하나하나가 아름답게 그려지기 때문에 전도와 심방은 결코 멈출 수 없기에 주님이 오시는 날까지 경주해야 함을 인지하고 다시 한번 신발 끈을 묶어본다.

詩

가을이 나에게 준 선물은

단풍의 화사함과

바람의 서늘함만은 아닌듯하다

때로는 떨어지는 낙엽의 쓸쓸함과

옷깃을 여미게 하는 바람결과

그리움에 윤을 더하는 빗물이다.

가을이 나에게 들려준 이야기는

낙엽 위를 걸으며

지는 노을을 바라보는 낭만만은 아닌듯하다.

때로는 지친 몸을 기대고

아픔의 상처를 고백하라고

자신의 일부를 내어주는

희생이기도 하다.

가을의 행복: 주님이 찾아오면

가을날 하나님이 부어주신 부흥의 열매를 맛보며 눈을 감고 이 하나님이 부어주시는 행복이 찾아오면 어떻게 할까 생각해 본다.

주님이 주시는 행복을 덥석 잡아두는 것이 아니라 옆에 가만히 놔두는 것이다.

날 찾아오기 위해 애쓴 주님을 내 생각과 교만으로 잡아두려 한다면 다시는 찾아오지 않을 것 같다. 잠시 내 마음 한편 내주어 쉬게 해주면 주님은 다시 또 늘 찾아올 것이다.

가을에는 바람이 행복이고 하늘이 행복이고 들꽃이 행복이며 온도도 행복이다

오늘 조용히 주님이 쉬고 갈 작은 마음의 공간을 내어본다.

詩

밤사이 내린 단풍 별이 땅에 닿으니
아침이슬 맞아 더 반짝입니다.
옅은 안개는 영롱함을 더합니다.
당신을 만남이 기쁨이고 은혜입니다.

심방의 풍성함: 모두 다 같이

가을날처럼 가장 풍성한 심방의 자리는 학생과 학부모 교사 모두가 함께하는 심방이다. 그리고 그곳에 새로 전도할 태신자 친구까지 데려오면 더욱 좋다. 이른 아침 학생을 만나러 나오는 일은 교사들에게 쉬운 일이 아니다. 거의 모든 교사가 직장에 출근하므로 아침 시간에 출근 전 학생들을 만나기 위해 학교 앞까지 찾아오는 일은 보통의 부지런함과 영혼들을 향한 마음이 없이 불가능하다. 그 마음을 움직이는 것은 하나님이라는 사실을 잘 알기에 더욱 감사함을 갖는다. 그리고 학부모님들께서도 학생의 등굣길이지만 함께 심방 온 교사와 전도사님을 맞이하는 것 또한 쉬운 일이 아님을 안다. 그런데도 심방을 거듭할수록 아침의 심방의 모습은 풍성함 그 자체이다. 우리 반 아이라서, 그 학생의 학년 주임 교사라서 그리고 아침에 학생들을 축복하는 것이 기쁨이어서 모양은 다르지만, 모두가 주안에서 풍성함으로 하나 되고자 하는 예수님의 마음을 닮았다. 그래서 심방의 다른 이름은 가을을 닮은 은혜의 풍성함이다.

詩

당신과 함께한 후
가장 풍성하고
행복한 계절이 되었습니다.

일상의 지루했던 그 길이
당신과 함께 걷고 난 후
기쁨이 흐르는 길이 되었습니다.
일상의 힘들었던 그곳이
당신과 함께 웃고 난 후
감사가 넘치는 곳이 되었습니다.

해마다 찾아와 쓸쓸함을 주었던
가을이 당신과 함께한 후
가장 풍성하고
행복한 계절이 되었습니다.

- 풍성한 은혜로 미장초에서

심방이 있는 아침: 빨강머리 앤

심방이 있는 아침은 늘 즐겁다. 내가 참 좋아하는 빨강머리 앤의 한 구절을 떠올리게 한다.

"아침은 어떤 아침이든 즐겁죠. 오늘은 무슨 일이 일어날지 생각하고 기대하는 상상의 여지가 충분히 있거든요."

그 여지는 늘 주님께서 기쁨과 은혜로 채워주신다. 오늘도 학교 앞 심방의 자리에 예비해 두신 하나님은 은혜의 감격, 우리 초등부 학생들을 통해 이루어 주신다. 매일 아침 학교 앞에서 어떤 새로운 기쁨의 여지를 채워주실지! 심방이 있는 아침은 늘 설렘이다.

詩

가을은 떨어지거나

지는 계절이 아니라

가을은 내려앉고

물들어가는 계절이다.

가을 들꽃: 뚱딴지같은 내 모습

가을날 아침 등교 심방 길에 특이한 꽃을 보았다. 그래서 검색해 보니 뚱딴지, 즉 돼지감자 꽃이었다. 뚱딴지라니. 이름도 특이하고 뜻도 참 재미있다. 뚱딴지 꽃을 보며 뚱딴지 앞에 나의 모습을 본다. 주님 앞에 나의 태도와 모습이 참 뚱딴지같아도 한결같이 날 사랑하시는 주님을 생각한다.

詩

한 사람의 내면의 깊이는
햇빛 아래 밝음이 있는 곳보다
어둠 속에서 더욱 잘 보인다.
기쁨보다는 절망의 순간에
환희보다는 고통의 순간에
성공보다는 실패의 순간에
조화보다는 분열의 순간에
사람의 내면의 깊이와 넓이는
더욱 뚜렷이 보인다.

가을 추수: 심방과 농사일

"바람이 불어야 찬 이슬이 마를 텐데…." 올해 마지막 추수를 앞두고 아버지는 여느 때처럼 논에 일찍 나오셨다. 햇살만으로는 이슬이 빨리 마르지 않으며 바람이 살랑살랑 불어주어야 한단다. 우리의 삶도 햇살과 같은 따스함과 바람과 같은 흔들림에 더욱 윤이 나고 풍성해짐의 교훈을 얻는다.

아버지는 평생을 농사를 지으신 농부이다. 올가을은 아버지가 처음으로 추수의 일을 다른 젊은 농부에게 맡기셨다. 아침 심방으로 모내기와 추수철에 많이 도와드리지 못함이 등교 심방 가운데에 무거움 중 하나였다. 아버지가 하셨으면 이틀이 걸릴 일을 젊은 농부는 힘차게 하루 만에 일을 끝냈다, 마지막 논을 바라보시는 아버지의 뒷모습이 슬퍼 보인다. 하지만 슬퍼하고 싶지 않다. 몇 해 전부터 일을 줄이고 내려놓기를 바라는 자식들의 바람과는 다르게 들판에서 쉬지 않으셨던 아버지가 이제야 일을 조금씩 내려놓은 그것 같아 다행이고 감사이다. 논을 바라보시는 아버지의 마음의 정도를 다 헤아릴 수는 없지만 논고랑마다 심어두신 열심과 성실 그리고 수고의 땀은 자신의 자랑이며 보물과도 같을 것이며, 땅과 자식들에게 절대 부끄럽지 않게 사셨을 징표일 것이다. 평생 농부인 아버지는 절대 늙지 않으셨다. 다만 평생을 함께해 온 땅 앞에 겸손해질 뿐이라고 믿고 싶다.

詩

봄날 농부가 뿌리는 씨앗은

열매의 결실을 맺는 것이

목적이라면

자녀양육의 목적은

오로지 하나님의 은혜로

하나님께 영광이다.

내 것이 아니고

하나님의 것임을 인정하고

부모와 자녀는 모두 주 앞에 죄인이기에 더욱 신실하게

하나님을 믿어야 함이라.

가을 심방: 입시의 계절

　가을은 심방의 계절이면서 입시의 계절이다. 특히 심방길에서 만나는 고등학생들의 뒷모습은 유난히 무거워 보인다. 학원을 운영하는 나에게 가을은 입시를 준비하는 중요한 계절이다. 몇 해 동안 사교육에 종사하면서 느꼈던 우리 신앙인들의 수능과 입시에 임하는 마음에 관해 이야기를 해보고자 한다. 가을에는 대입 수시 원서접수가 시작된다. 길게 보면 초등학교 때부터 12년, 짧게 보면 고교 재학 3년을 대학이라는 목표를 두고 달려왔고, 오늘 드디어 자신들의 성적표와 생활기록부를 증거로 큰 도전 앞에 서게 된다. 나 또한 직업이라는 이름으로 지난 한 달 쉼 없이 이틀을 위해 달려왔다. 오늘 새벽 말씀은 다니엘이다. 우리 자녀가 다니엘과 같은 지혜로운 자녀로 자라나길 바라는 부모님 심정과 본인이 다니엘처럼 영민하길 바랐던 학생들 모두 다니엘의 마음보다는 느붓갓네살 왕처럼 근심과 번민에 사로잡혀 있는 경우가 많을 것이다. 입학사정관제로 시작된 지금 수시 전형을 매해 부모들과 학생들과 함께 준비하면서 드는 늘 같은 마음은 대입에서는 반전이 없는 것이다. 내가 학업에 쏟은 시간과 노력만큼 준비한 만큼의 결과물을 받는 것이고, 우리가 말하는 적성 또한 적당한 성적으로 귀결되며 그것을 뛰어넘을만한 입시에서의 반전은 없다. 그리고 없어야 공정한 입시인 것이다.

하지만 오늘 다니엘 말씀처럼 뜻을 어디에 두느냐에 따른 반전은 반드시 따른다. 천지를 지으신 전지전능한 하나님은 그깟 대학 간판으로 우리의 삶을 역전시키시는 분이 아니시며, '어느 대학에 붙으면 정말 신앙생활 잘할게요.'라는 말에 속으시는 분도 아니시다. 우리가 뜻을 하나님께 정하고 대학의 목표와 학과의 목표가 하나님께 기쁨이 되고 영광이 되는 길이라면 어떤 결과든 받아들이고 그곳에서 또 뜻을 구하며 나가면 어떤 처지나 상황이 은혜임을 깨닫는 기막힌 반전이 일어나리라 확신한다. 우리 고3 친구들 건투를 빈다. 그리고 한편으로 겸손하길 바란다. 하나님은 절대 대학으로 우리를 평가하지 않으신다. 환호할 일도, 절망할 일도 아닌 게 대학입시이다. 하나님 안에서 기쁨을 찾는 것이 합격이며, 영광임을 기억하길 바란다.

詩

지금 내가 가지고 있는 마음이

내가 구한 마음이다.

슬픔을 생각하고 있었기에

슬픔으로 가득 차고

기쁨을 생각하고 있었기에

기쁨으로 가득 차다.

슬픔을 기쁨으로 바꾸는 것도

기쁨을 슬픔으로 바꾸는 것도

모두 나의 마음이 시킨 것이며

향하고 품은 것도 모두 내가 구한 것이다

가을의 기도: 기도보다 앞서지 않게

올해 수시 원서접수가 끝났다. 내가 하는 일 중 하나가 입시 컨설팅이기에 1년 중 가장 바쁜 한 주를 보냈다. 올해도 많은 학생들이 저마다의 진로 목표를 향해 고심하면서 원서를 쓰고 오늘 밤은 떨리고 두려운 마음으로 경쟁률을 하나씩 찾아보고 있을 것이다.

10년 넘게 이틀을 하면서 참으로 많은 학생과 학부모를 내밀하게 만났는데, 기억나는 학생이 한 명 있다. 몇 해 전 수시 원서를 6개 접수하면서 하나하나 두 손을 모으고 간절히 기도하는 학생이었다. 그것도 짧은 식기도와 같은 것이 아니라 자신의 길을 인도해 달라는 기도는 단순히 합격을 기원하는 모습이 아니라 전적으로 자신의 길을 하나님께 맡기는 기도의 내용이었다. 작은 소리로 내 옆에서 읊조리는 학생의 기도는 아직 귓가에 맴돌고 있다. 그때 내가 들었던 생각은 이 학생은 대학의 합격보다 더 큰, 전적으로 하나님을 의지하는 믿음을 얻었기에 어떤 결과에도 크게 흔들리지 않을 것이라는 확신과 그 학생이 가는 길을 주님께서 순적하게 인도하실 그것이라는 확신을 할 수 있었다.

'모든 일을 기도보다 앞서지 않게.'

바로 그 실천을 보여준 그 학생은 제자이지만 신앙의 스승이었다.

詩

나를 사랑하는지 알 수 있는 방법은
나와 약속을 지키고 있느냐이다.

하나님을 사랑하고 있느냐도
하나님과 약속을 잘 지키는 지이다.

가을은 수시의 계절: 기도와 수시 원서 접수

수시 원서 접수가 한창이다. 보통은 6개의 대학을 자신의 성적과 적성에 맞게 분석하여 최상의 결과를 내기 위한 상담과 접수가 진행 중이다. 어느 정도 상담이 마무리되고 접수를 한 후 간혹 상담실에 있는 초등부 가방이나 성경책을 보고서 선생님 교회 다니냐고 하면서 기도를 부탁하시는 분들이 계신다. 기도와 대학 합격, 과연 관계가 있을까? 내 생각은 있을 수도 있고 없을 수도 있다는 것이다. 있을 수 있다는 이유는 그만큼 간절한 마음으로 하나님께 기도를 한 학생은 그만큼 공부를 했다는 방증일 테고, 없을 수도 있다는 것은 기도했는데도 원하는 대학에 붙은 경우가 그렇게 많지 않다는 것이다. 하지만 분명한 것은 우리의 기도는 우리의 안위를 위함이 아닌 하나님의 의를 구하는 것임을 알고 있다. 믿지 않는 사람들에게는 하나님을 믿는 것이 대학을 합격시켜 주는 하나의 주술적 방편으로 충분히 여겨질 수 있으리라 이해를 한다. 그럴수록 나의 기도 생활을 더욱 점검하고 내가 헛되고 헛된 것들을 구하고 있지는 않은지 돌아보아야 함을 깨닫는다.

詩

가을은 선선한 바람을

주님은 선하신 바램을

가을: 수능의 계절 그리고 신앙

20여 년 가까이 일하고 있는 사교육 종사자로서 결론부터 말하면 수능은 대박도 반전도 없다. 얼마나 꾸준하게 열심히 경주했느냐의 결과를 그대로 확인하는 것이다.

우리 신앙도 마찬가지이다. 예수님은 물로 포도주를 만드시고, 오병이어의 기적을 보이시고, 병든 자를 살리셨다. 이런 이적과 기적과 반전은 하나님이 그리고 예수님의 능력이지, 우리의 터덕거리는 신앙 가운데 쉬이 임재하는 것이 아니다.

다만 확실한 것은 수능을 준비하는 수험생처럼 열심히 하루의 삶을 주님 한 분 바라보며 차분하게 신앙의 삶을 경주해 나갈 때, 기가 막힌 반전은 없더라도, 수능 날과 같은 떨리는 날에 반드시 평안함은 있으리라. 그리고 결과에 수긍하며 감사하는 마음을 가지게 되리라 믿는다.

즉 우리 삶 자체에 어떠한 환난과 고난이 찾아와도 평안하고, 그 고난을 넉넉히 이겨내는 그 신앙의 훈련, 어쩌면 가장 큰 반전과 기적이 아닌가 싶다.

詩

기억보다는 기록을 믿고

기록보다는 기도를 믿어야 한다.

인간의 기억은 불안정하고

기록은 사라질 수 있으나

기도는 주 안에서 불변하며 안전하다.

하나님! 오늘 제가 부족한 것은 없었나요?

며칠 전 첫날 수업을 마친 학생에게 "오늘 배운 것 중 질문한 것 있니?"라고 물었는데 학생이 대답하길 "선생님, 오늘 제가 부족한 것은 없었나요?"라며 되묻는다. 사교육 현장에서 어느덧 17년인데 처음으로 들어본 학생의 말에 많은 것을 생각해 보았다.

우선 진지하게 수업에 임하고 답변도 제법 잘했던 학생이 자신이 혹시 부족한 부분을 더욱 채워가려는 겸손하고 진중한 모습에 깊은 감명을 받았으며, 잘했다 칭찬해 주는 교사도 중요하지만 부족한 것을 꼼꼼하게 채워주는 것이 교사의 역할임을 깨달았다.

한편으로 떠오르는 생각과 모습은 내가 예배에 임하는 모습을 불현듯 떠올랐다. 예배를 드리고 그저 받을 복과 은혜만 세고 있는 모습이 부끄러웠다. 예배를 마치고 주님이 더 구할 것은 없느냐 물었을 때 '하나님, 이것도 주시고, 저것은 또 언제 주시나요?' 하고 물끄러미 바라만 보고 있을 내 모습이 떠올랐다. 예배를 마치고 하나님께 '하나님, 오늘 제가 예배 중에 주님 앞에 부족한 것은 무엇이 있었나요? 제가 더 드리지 못한 것은 무엇이 있나요?' 묻는 하나님의 제자가 되고 싶다. 아직 멀었다.

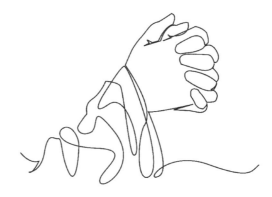

詩

스치는 것은 오래가지 않습니다.

오래 머물러야 오래 기억됩니다.

그분의 사랑 안에 영원히 머무르고 싶습니다.

심방: 학원 선생님이 아닌 복습퀴즈 호랑이 선생님

"우리 손자 손녀가 호랑이 선생님이랑 예배드렸던 이야기를 많이 해요." 장기결석자 심방을 위해 통화 중 권사님의 말씀으로 4~5년 전 입었던 호랑이 옷을 다시 입고 심방을 갔다. 교회에서 입고 아이들과 웃고 떠들 때와 다르게 인간 된 마음에 살짝 부끄러움도 있었지만, 아이들이 예수님 품으로 돌아올 수 있다면, 하나님께서 주신 담대함으로 나갈 것이다. 더욱이 정말 기뻐하는 아이의 모습에 나 또한 흐뭇하였고, 더 기뻐하실 하나님 생각에 기쁜 마음이 가득하다. 심방을 통해 담대함을 많이 배웠다. 물론 하나님 주신 마음이다. 학교 앞 심방에서 만나는 경비 선생님들과도 인사를 건네면서 친해지고, 지나가는 학생들과 그리고 청소부 아저씨 모든 분과도 가볍게 정겹게 인사를 나눈다. 이런 사교적인 성격을 허락하신 하나님께도 감사하다. 그리고 어떤 누구 앞에서도 그리스도인으로 부끄러움 없이 당당하게 말할 수 있는 것도 복이고 은혜임을 나는 믿는다. 간혹 아내가 교회 권사님들에게 무례하다고 이야기하지만, 밝고 환한 미소로 대하는 것, 친근감 있게 대하는 것이 그분들을 더욱 존경하는 마음이라는 것. 그래서 나는 나의 이런 성격이 참 좋다. 그리고 그런 성격을 주신 하나님께 감사하다.

詩

교회 어르신들과 국화꽃 보러 왔다

어느 시인은 국화를

인생의 뒤안길을 돌아온

거울과 마주한 누님이라고 노래한다.

교회의 어르신들 긴 신앙의 여정 또한 결국

하나님 앞에 서는 그날까지

아름다운 하나님의 얼굴을 구하길 소망한다.

가을: 여행의 계절

아침 심방의 일정을 보통 한 달 전에 계획하고 미리 광고하지만, 코로나가 조금씩 풀리면서 많은 가족과 학생들이 여행을 떠난다. 그래서 심방을 못 하는 경우가 가끔 있다. 가을을 독서의 계절이라고 부르지만, 심방의 현장에서는 가을은 여행의 계절이다. 어디를 가든 아름다운 단풍과 청명한 하늘 그리고 부드러운 공기 떠나기에 딱 좋은 날이다. 나의 가장 아름다웠던 가을은 어학연수 시절 아일랜드에서의 가을이다.

아일랜드 어학연수 시절 어느 정도 환경에 익숙해진 나는 학교에서 특별한 활동이 없으면 토요일 일찍 터미널에 가서 아무 버스나 타고 종착지 가서 그 마을 혹은 도시를 둘러보고 오곤 했다. 정말 아무 목적 없이 떠나는 길이었다. 더블린에서 조금만 벗어나도 푸르른 자연이 펼쳐지던 모습도 참 좋았고, 다소 먼 목적지이면 밤에 쏟아질 듯 좋았던 별들을 보며 알퐁소 도데의 목가적이고 낭만적인 「별」의 배경을 떠올리며 흐뭇해하곤 했다. 때로는 그 여정이 무료할 때도 있었지만 아무 목적이 없었기에 어떤 부담이 없었다. 그 시절이 그립다.

스스로 목적을 강요하고 결과를 쫓고 있는 내 모습이 불쑥불쑥 떠오를 때면 불현듯 더 떠오른다. 한 날은 벨파스트에 갔는데 유로만 있고 파운드가 없어 물 한 병 못 사서 당황했던 기억이 난다. 어쩌면 목적 없음이 더 많은 것을 기억나게 하는 것 같기도 하다. 아주 그립다. 특히 그때의 내 생각과 청춘의 흔적이.

순종의 길을 생각해 본다. 하나님께서 우리에게 보여주신 생명의 길을 묵묵히 걷는 것이 진정한 순종의 길이라고 생각해 본다. 너무 많이 생각들로 가는 길의 여정을 힘겹게 만들지 않도록 하루하루 오로지 주의 길을 걷는 것이 신앙의 길임을 깨닫는다.

詩

오랜만에 오래 걸었다.

바람과 하늘과 구름에 단풍에게 물었다.

이름이 뭐냐고? 다들 가을이란다!

가을: 아일랜드는 추억

실시간 검색어 1위가 아일랜드이길래 무슨 일이? 자연스레 검색해 보았다. TV 모 프로그램에서 아일랜드 친구들이 나왔다고 한다. TV도 없는 터라 이래저래 찾아보다 프로그램을 구매해서 보는 방법이 있어서 주저 없이 결제했다. 17년 전 군대 전역 후, 장교 월급을 모은 돈으로 어학연수를 결심하고 나라를 알아보던 중 한국 사람들이 가장 없을 것 같아 택한 나라가 아일랜드였다. 아무런 정보 없이 비행기를 타고 파리를 거쳐 도착한 아일랜드! 첫 외국 방문국이 아일랜드이었기에 모든 것이 신기하고 흥미로웠다. 군대라는 다소 억압된 곳을 벗어나 핸드폰도 억지로 쓰지 않았으며 그리고 아는 사람 한 명 없는 그곳에서의 삶은 자유 그 자체였다. 지금도 생생하게 많은 게 기억난다. 더블린 시내를 조금만 벗어나면 펼쳐진 초원들. 그리고 일상 같았던 무지개들. 저녁이면 늘 기네스를 마시는 사람들로 북적이던 pub. 일본 친구들과 함께 갔었던 서쪽 끝 크리프 모어. 그곳에서 쏟아지는 별들을 누워서 입으로 받아먹던 기억들! 많은 작가의 흔적들 그리고 친절했던 사람들! 많은 것들이 그립고 그립다. 한국을 처음 방문한 아일랜드 청년처럼 나도 청년의 때 처음 방문한 아일랜드. 어쩜 그들보다 나는 더 그곳이 신기했을 것이다! 가고 싶다. 다시 한번 꼭. 그때는 사랑하는 가족들과 함께 내가 아주 많이 사랑했던 곳을 걷고 싶다. 그리고 주일성수를 할 수 있었던 더블린 시내에 있었던 작은 교회. 처음 교회를 방문한 날 가장 멀리에서 온 교우에게 선물을 주는 이벤트가 있었는데, 수도인 더블린의 교외에서 온 분들이 자신들이 온 도시와 마을을 외칠 때 내가 마지막으로 "South Korea!"를 외쳐서 많은 환호와 상자와 함께 아일랜드 국기가 새겨진 녹색 두건을 받았던 추억이 떠오른다.

詩

가을은 직접 만나야 합니다.

누군가의 사진 속에

누군가의 노래 속에

누군가의 시어 속에는

나의 가을이 없습니다.

나의 발걸음으로

오감을 통해 만나는 자연

나의 입술로 읊조리는

마음속 깊은 곳에서 선율

밤사이 그리움으로

한자 눌러 쓴 서시.

그것에 나의 가을이 있습니다.

가을: 아일랜드에서 눈을 마주친다는 것

오래전 아일랜드에서 어학연수 시절 인상 깊었던 장면이 자녀를 키우면서 문득문득 떠오른다. 내가 홈스테이했던 가정에는 대략 9살, 6살 그리고 갓난쟁이 아이가 셋 있었다. 그 엄마는 늘 저녁을 하거나 주방에서 시간을 보낼 때면 갓난쟁이 아이를 높은 유아용 식탁 의자에 앉혀놓고 음악을 크게 틀었다. 그러면서 흐르는 노래를 흥얼거리다 어떤 가사가 나오면 아이와 눈을 마주치면서 노래를 불러주었다. 정확하게 기억은 나지 않지만 가사 중에는 'happy'라는 단어가 많이 나왔는데, 그 단어가 나올 때마다 아이와 눈을 맞추며 'happy, happy' 하며 노래를 불러주면 그 갓난쟁이 아이는 그때마다 세상 행복한 미소를 지으며 엄마와 눈을 맞추며 좋아했었다.

그 장면을 늘 바라보면서 나중에 나도 아이를 양육하면 꼭 아이와 눈을 마주치며 함께 노래를 불러야지 마음을 먹었다. 하지만 막내가 초등학교 3학년이 된 이 시기에 곰곰이 생각해 보면 밤에 잠들기 전이나 여행을 가면서 찬양을 같이 들은 적은 있지만, 눈을 마주치면서 함께 노래하지는 않았던 것 같다.

이제는 중학생 딸이나 5학년 아들, 3학년 딸이 얼마나 아빠의 눈을 응시해 줄지는 장담할 수가 없다. 지나온 날의 아쉬움도 있지만, 지금이라도 함께 찬양을 들으면서 '하나님이 예수님이 우리와 함께하시고 사랑하신다.'라는 가사가 나오면 눈을 맞추어 보도록 시도해 보아야겠다.

詩

서로 마주 보며 많이 웃었고

서로 좋은 모습 많이 담았다.

가을이 주는 시간과 공간의 선물은

함께 주의 길을 걷는 동역자에게

나누어 주고 또 나누어 주어도

넘치고 넘친다. 주님의 사랑처럼.

상념의 시간: 어느 가을 종로3가역의 나에게

2005년 가을은 상념의 계절이었다. 대학원 졸업을 앞두고 논문 작성과 그리고 기업 면접 그리고 곧 태어날 첫째 아이까지. 모든 것들이 부담이었고, 선택 하나하나가 20대를 마무리하고 30대를 시작하는 그 갈림길에서 중대했다. 논문 관련하여 교수님을 뵙고 나오는 나의 무거운 발걸음은 아직 교정의 은행나무가 떨어질 듯 말 듯 그 계절 속에서 그렇게 옮겨지고 옮겨지다 청계천에 다다랐다. 청계천 공사를 한창 하고 있어 돌아 다시 또 걷고…. 정확히 무슨 생각했는지 일일이 기억할 수는 없지만, 확신할 건 나는 조금은 어두워 보이는 미래의 모습을 고민하고 있었던 것 같다.

결혼하고 선택한 대학원 공부. 큰 뜻이 있었지만, 생각보다 버거웠던 일과 공부의 병행. 어느 것 하나 확실하지 못하였고, 곧 태어날 아이에게 보여줄 아빠의 모습도, 그리고 가정이라는 선물도 그렇게 반짝거리지는 않았다. 그렇게 걷다가 전철을 타기 위해 내려간 종로3가역. 난 토익 테이프가 담긴 카세트가 아닌 커버가 다 해어진 아이리버 MP3를 꺼내어 귀에

꽂고 조용히 전철을 기다렸다. 마주 편에서 떠난 기차에 나의 모습이 비치었고, 그때 MP3에서 흘러나오는 노래가 모든 상황을 누가 지켜보고 있다가 나에게 속삭여 주는 것 같아 참 신기했다.

"회기로 향하는 쓸쓸한 플랫폼에서 서성이던 모습 보이지 않고 허전한 빈 곳 속을 걷고 있는 너의 모습 생각해 봤어. 오가는 많은 사람 속에서 너는 무얼 생각하고 있을까. (중략) 내가 곁에도 있어도 그립다고 말하던 그대에게 내일은 사랑한다고 말해 줄 거야."

노래 한 곡으로 모든 고민에 대한 해답을 찾았다고 할 수 없지만, 누군가는 지금 나를 지켜보고 있으며 늘 너에게 힘과 사랑을 주고 있다는 생각으로 마음을 다시 견고하게 다질 수 있었다. 자주 듣지는 못하지만, 가을이 시작할 때쯤이면 먼저 찾아 들으면서 오래전 가을 종로3가역의 나의 모습을 떠올려 본다. 그리고 그때 어디선가 바라봐주시고 위로해 주시는 이와 늘 나를 격려하고 응원해 주던 가족과 내 주변의 고마운 이들을 생각해 본다.

詩

연약함이 담대함으로

부족함을 넘쳐남으로

마른 샘을 은혜 샘으로

의심함을 신뢰함으로

게으름을 신실함으로

보이시고 변화시키는

하나님을 바라봅니다.

가을비: 커피 그리고 당신

　요리를 전혀 못 하는, 그리고 안 하는 내게 가진 유일하게 맛을 제대로 내는 것이 있다면 그것은 밀크커피. 물론 그 유일한 맛이라는 것도 다른 사람들에게는 딱 좋은 맛은 아닐 테지만 아내에게만은 최상의 맛이다. 아침마다 한 잔 타서 올리는 커피는 내가 아내를 위해 해주는 유일한 '먹을 것'이다. 그래서 아침의 커피 한 잔은 나의 의무이자 자랑이다.

　가을의 비가 촉촉이 내리고 있다. 누군가에는 가을을 재촉하는 비로 생각할 것이고, 또 누군가에는 하루의 삶을 조금 버겁게 만들어준 비가 될 것이다, 이렇듯 자연은 우리의 삶에는 지극히 무관심하다. 아니 어쩌면 자신의 역할을 성실하게 하는 것이 맞을 것이다. 다만 나의 마음과 처지에 따라 그런 자연의 현상을 음미하거나 살짝 토라지는 것일 뿐이다. 계절에 따른 온도의 차이는 있지만 늘 같은 맛의 커피 내기 위해 노력해 본다. 언제까지 내가 타준 커피가 가장 맛있다고 할지는 모르겠으나 오늘도 성실한 잿빛 하늘을 바라보며, 또 나에게 주어진 작은 역할에 충실하고 이 계절의 시작을 열심히 살아야겠다고 다짐해 본다.

詩

진정한 베풂은 시간이 흘러

베푼 자는 기억이 나지 않지만

베풂을 받은 자는 그날 이후로

한 번도 잊지 못하는 기억이다.

내가 올해 베풂을 얻어 감사한

사람이 있다면 한 해가 가기 전에

진심을 담아 감사를 표해야 함이 마땅하다.

제4부

겨울의 이야기

"눈을 기다리듯 교사를 기다리는 아이들
많은 아이가 기다린다.
크게 내색은 하지 않지만…
그래도 아이들은 기다린다.
성탄절 기다리듯이"

겨울: 심방은 전도왕과 개근상을 낳는다

첫해 전도 축제 때는 큰딸은 4명, 막내딸은 3명의 태신자를, 그리고 아들은 13명의 태신자를 전도하여 주일학교 전체 비공식 전도 왕이 되었다. 5월 한 달 내내 아내는 사역자로, 나는 행사 준비로 세 자녀 못 챙긴 게 많았는데, 하나님이 키우시니 정말 잘 길러주신다. 두 번째 전도 축제 때는 막내딸이 13명을 전도하여 전도 왕이 되었다. 물론 아빠가 심방에 집중했던 두 해 동안 세 자녀는 모두 개근상을 받았다. 한 해를 돌아보는 겨울에 모든 가족이 주 안에서 건강하고 무엇보다 주의 날 주의 전에서 건강하게 예배드림이 감사함이다. 그리고 금요기도회와 주일 봉사의 자리에 한 번도 빠지지 않았다고 우리 교사들이 챙겨주신 개근상 또한 주님의 기뻐하시는 상임을 안다. 우리 자녀들이 인격적으로 예수그리스도를 만나 그 안에서 세상이 주는 어떤 즐거움보다 기쁨을 찾는 것이 인생의 최우선 순위라는 것을 잘 안다. 자녀를 위해서도 기도해야 한다. 심방의 자리에서 만나는 학생들이 앞날을 주님께 맡기듯이 우리 세 자녀의 앞날도 늘 주님 앞에 전도 왕이 되고 개근상을 받는 자로 자라도록 기도해야 한다.

詩

목공은 나무로
결이 고운 가구를 만들고
재단사는 천으로
결이 고운 옷을 만든다.
부모의 신앙으로
결이 고운 아이를 만든다.

겨울: 쉼의 자리에서 뒤를 돌아보며

나이를 한 살 더 먹는다고 저절로 지혜가 생기는 것은 절대 아닌 것 같다.

어떤 마음으로 어떻게 살아왔는지, 자기 앞에 놓인 무수히 많은 선택을 어떤 가치관에 따라 결정하고 때론 포기했는지, 그리고 그 과정 가운데 시행착오를 어떻게 대처했는지, 그런 것들이 겹겹이 싸인 것이 나이가 들어감에 따른 지혜인 것 같다.

그 과정에 내 자아가 컸다면 난 탐욕스러운 인간이 되어있을 테고, 이웃과 내가 믿은 하나님이 컸다면 참 지혜 있는 사람이 되어있을 것이다. 지난날을 돌아보니 앞날이 보인다.

어떻게 살아가야 할지, 어떻게 하나님을 믿어야 할지.

詩

나의 무지함과 연약함을

객관화하는 것은 그리 오랜 시간이

걸리지 않았다.

기도는 내가 적은 정답이 맞는다고

우기는 것이 아니라 전적으로

빈칸으로 비우고 내려놓음이라.

새벽의 빛깔과 내음 참 맑고 곱다.

겨울을 참 따뜻하다: 초코 우유와 계란후라이 그리고 아빠

내가 어렸을 때 우리 집은 겨울이 되면 미나리 농사를 지었다. 가을 농사가 끝날 때쯤 아버지는 비닐하우스를 세우시고 본격적으로 미나리 농사를 준비하신다. 미나리는 어른 키로 허리쯤 되는 물에서 자라며, 전라도 사투리로 미나리꽝이라고 한다. 긴 장화 옷을 입고 들어가 미나리를 캐내면 비닐하우스 안에서는 엄마와 동네 아낙들이 미나리를 다듬고 지푸라기를 이용하여 일정한 양으로 묶는다. 그리고 마지막으로 비닐로 단단히 묶어서 경운기에 차곡차곡 쌓는다. 이렇게 종일 일이 끝나면 아버지는 잠시 눈을 붙였다가 새벽이 되기 전 경운기를 몰고 시내에 시장으로 향하신다. 언제 가시는지는 잘 알 수 없었지만, 동이 트기 전 돌아오는 경운기 소리에 잠을 깨곤 했다. 그것보다 멀리서 경운기 소리가 들려오면 엄마는 딸그락딸그락 달걀부침을 하신다. 아빠를 위한 초코 우유와 계란후라이를 늘 준비하신다.

난 30년이 훌쩍 지났지만, 그때 그 새벽의 풍경이 생생하다. 아버지는 계란후라이를 드시고는 초코 우유를 드시다가 자다

깨어 졸린 눈으로 아빠를 바라보는 나에게 초코 우유를 정확히 두 모금 남겨주셨다. 그리고는 맛있게 먹고 다시 잠드는 나를 참 온화한 눈빛으로 바라보시곤 했다. 그저 그때는 그러한 삶이 얼마나 고되고 힘들지는 몰랐다. 그런데도 봄부터 가을까지는 쌀농사, 밭농사 그리고 가을부터 봄까지는 미나리 농사…. 그 시절 어머니와 아버지에게는 무척 고된 삶이었을 터인데, 더욱이 아빠는 한 번도 힘들다 아프다 말씀 안 하셨다. 자녀들에게 늘 자애롭고, 평생을 모시고 사셨던 노부모에게도 늘 순종적이셨던 부모님의 모습은 나에게 큰 본이 되었고, 또 지금의 내가 가야 할 올바른 방향이 되어주셨다.

추운 겨울날 여러 가지 연유로 깰 때면 아스라이 먼 곳에서 정확하지는 않지만 큰 화물트럭 소리나 경운기 소리 비슷하게 들려올 때가 있다. 그때 그 초코 우유의 진한 맛과 달걀부침 기름 향기도 같이 느껴진다. 초코 우유 두 모금을 기다리던 소년은 이제 초코 우유를 세 자녀에게 먹어야 하는 아빠가 되어 있다. 삶이 고되고 힘겨워도 그 새벽녘에 졸린 눈으로 우유를 먹는 아이를 보며 흐뭇해하시며 힘을 내시던 아빠처럼….

아버지가 오시는 것을 알려주던 멀리서 들려오는 경운기 소리가 나에게 달콤한 기쁨이었던 것처럼, 늘 아빠 언제 오냐고 물어보고 또 전화해서 찾는 아이들에게 현관문의 비밀번호를 누르는 소리가 축제를 알리는 소리가 되도록, 그리고 먼 훗날 아빠의 기억이 교훈이 되고 본이 되는 아빠가 되도록 더 많이 사랑하며 살아야 함이 깨달아지는 새벽녘이다.

詩

진심 어린 사랑을 한번 받아본 사람은

그 사랑이 무엇으로 지워지거나 덮어지지 않음을 잘 압니다.

몸이 기억하고 마음이 기억합니다.

몸이 유약해질수록 그 사랑은 더욱 강렬해지고

기억이 노쇠해질수록 그 사랑은 더욱 아련해집니다.

누군가에게 오랫동안 기억되고 싶은 사람이 있다면

진심 어린 사랑을 주세요.

아버지의 따뜻함: 손자의 골절과 할아버지의 보험

몇 해 전 아버지께서는 손자를 위해 보험을 들었다고 보험 증명서를 내보였다. 찬찬히 읽어보아도 딱히 유익한 보험은 아니었다. 지인분이 운영하는 마을금고에서 직책을 맡으면서 겸사겸사 직원의 부탁으로 보험을 들었구나 했다. 한편으로는 적은 돈도 아닌데 상의하고 꼼꼼하게 따져서 들었으면 좋았을 걸 하는 아쉬움도 있고, 농로(農老)라고 가입을 권유한 직원이 본인에게 이익이 되는 것을 추천하지 않았나 하는 의심의 마음도 있었다. 그러고 오랫동안 잊고 지내던 중 우리 아들이 4번의 골절을 당했다. 태권도학원에서, 놀이터에서, 그리고 자전거를 타고 놀다가. 장소와 유형은 다양하지만 뼈가 약한 것인지, 경거망동하는 아들을 진정시키려는 하나님의 뜻인지는 알 수 없지만 그렇게 깁스를 하고 붕대를 감고 이런 일들이 최근 몇 년 사이에 일어났다.

두 번의 그런 일을 겪고 갑자기 떠오른 아버지의 보험이 떠올랐다. 정말 보장이라고는 큰 상처로 장애를 입거나 사망에 이르러서 보장을 받을 수 있는 보험에 유일한 보장 내용이 골절 시 70만 원을 보장하는 내용이었다. 내가 아이 앞으로 들어놓은 보험에 골절 시 보장보다 3배나 많은 금액을 지급해주는 것이다. 참 많은 것을 생각하게 해준다.

아버지께서는 평생 농사를 지으시면서 세상 어떤 누구에게 원망을 듣지 않으면서 본인이 조금 손해가 나고 희생을 해야 하는 일도 마다하지 않고 하신 분이다. 지난봄에도 참 농사짓기 어려운 땅도 동네 사람이 부탁하면 별 소득이 없지만 애써 물을 대고, 어렵사리 기계를 작동하면서 모를 심어주는 모습을 보고 답답한 마음도 들었지만, 그것이 농부의 마음이고 하나님을 믿는 내가 가져야 할 마음이라는 것을 느끼었다. 보험을 들 때는 어떤 이익의 생각을 하지 않았을 것이다. 그저 직원이 손자를 위한 것이라고 하니 직원의 입장도 손자의 모습도 떠올리면서 들었을 것이다. 더욱이 손자가 이렇게 자주 골절을 입을 줄 몰랐을 것이다.

우리가 조금 손해를 보더라고 누군가의 입장을 배려해주는 삶의 실천이 어떤 보험의 보장보다 든든하다고 생각한다. 그리고 성경 말씀에도 "네 이웃을 네 몸과 같이 사랑하라." 분명 예수님께서는 우리에게 말씀하셨다. 난 언제쯤 아버지 같은 인격을 지닌 아버지, 성도 그리고 그런 사람이 될 수 있을까? 더욱 기도해야 하는 이유이다.

詩

세상에는

날 사랑할 이유를 만들어서

사랑해주는 많은 사람과

아무 이유 없이 나를 사랑해주는

몇몇 사람이 있다.

따뜻한 어머니: 어머니의 시

"삶이 그대를 속일지라도 슬퍼하거나
노여워하지 말라. 슬픔의 날 참고 견디면 기쁨의 날이 오리니
마음은 미래에 살고 현재는 늘 슬픈 것
모든 것은 순간에 지나가고 지나간 것은 다시 그리워지나니"

내가 지금 세 자녀의 나이 때쯤 어머님이 일하시는 모습을
바라보고 있으면 어머님께서는 어떤 연유에서인지 푸시킨의 시
를 읊어주셨다. 4남 2녀 막내딸이 4남 2녀 장손에게 시집와
시부모님 모시고 논일 밭일 그리고 세 자녀 양육까지. 지금 생
각해 보면 그때는 예수님을 믿지 않으셨던 엄마의 시는 엄마
를 지탱해 준 작은 힘이 아니었나 싶다.

가을 국화가 곱게 피고 단풍이 물들어가는 가을, 40대 중
반이 된 나에게 엄마가 읊던 시가 더 다가오는 이유가 뭘까?
엄마도 아빠랑 펜팔로 사귀어 결혼할 정도로 글쓰기를 좋아
하고 문학적 감수성을 지닌 소녀이었고 소소한 꿈이 있었다는
걸 기억하게 해주며, 한편으로 나는 세 자녀에게 어떤 기억들

을 주고 있나 떠올려 본다. "나의 길 오직 그가 아시나니 나를 단련하신 후에 내가 순금같이 나아오리라." 욥기의 말씀과 찬양을 우리 아이들과 많이 나누긴 하지만 언제쯤 아이들이 '왜 아빠는 저 말씀과 찬양을 우리에게 들려주었을까?' 하고 고민해 볼까?

어쩌면 내가 40살 중반을 지나고 있는 시기에 엄마의 은연 중 읊조리는 시를 이해하였듯이 우리 아이들도 그 나이가 되었을 때 꼭 말씀의 의미를 깨닫기는 바라본다.

그러기에는 더욱더 내 삶이 그러하도록 살아내야 함이기도.

詩

우리의 삶의 무게를

이기는 힘이 있다면

그것은 사랑일 것이다.

다섯 번의 필사: 나의 사랑하는 어머님의 성경책

　어머님은 성경 필사를 다섯 번 하셨다! 4남 2녀의 다섯째 딸로 태어나 4남 2녀의 장손의 아들에게 시집와서 30년 가까이 시부모를 모시고 살면서 시동생들의 대소사를 다 치렀다. 여느 시골 어머니들처럼 논농사, 밭농사에 겨울에는 미나리 농사로 한시도 쉬는 날이 없었다.

　내가 중학교 즈음 신앙생활을 시작하면서 세 자녀에게 성경 필사본을 각각 결혼 선물해 주겠다는 각오로 성경 필사를 하셨다. 집이 불이 난 바람에 장가가 늦은 형의 것은 한 번 더 쓰시고 자신의 것까지 다섯 번의 필사.

　최근에 성가대 「어머님의 성경책」, 오늘 주일설교 찬송 「나의 사랑하는 책」을 부르면서 어머님의 필사 성경책이 떠올라 울컥했다. 힘든 농사일과 시부모님 모시고 세 자녀의 양육까지 하면서 쓰신 성경책. 처음에는 맞춤법도 어렵고, 어깨와 팔 그리고 눈까지 침침하였지만 완성할 수 있었던 건 하나님의 은혜이며, 자식에 대한 한량없는 사랑임을 느낀다. 나는 우리 세 자녀에게 무엇을 물려줄 것인가? 오직 하나님이 삶의 가장 큰 기쁨임을 삶 속에서 보여주는 것뿐이다.

詩

누군가와 관계가 편안한 것은

그만큼 상대가 나를

배려하는 것이며

하나님과 관계가 평안한 것은

그만큼 하나님이 나를

사랑하시는 것이다.

겨울은 졸업의 계절: 꽃다발과 짜장면은 없어도

아들이 초등학교 졸업한다. 아기였을 때 첫째 막내보다 유난히 많이 떼쓰고 울고 어린 집에서 다툼도 많고 초등학교 저학년 때는 싸움도 잦고, 걱정을 많이 했던 아이이다. 과연 교우 관계며 학교생활을 잘할 수 있을까 아내랑 걱정을 많이 했던 아이다. 하지만 초등학교 졸업을 앞둔 아들은 새벽같이 일어나 졸업식을, 아니 졸업의 날 친구들과 놀기 위해 목욕재계를 하고 있다. 무엇보다 학업이며 일이며 가장 바쁜 시기에 태어났던 아들을 위한 시간이 내게는 많이 없었던 것을 뒤늦게나마 깨닫고, 많은 대화도 하고 여행도 부지런히 다니고 이해하려는 시간을 가지도록 했던 것이 아들과 관계에 있어서 서로에게 도움이 되었던 것 같다. 어느 순간부터 아빠는 누나랑 여동생만 좋아하라는 말도 쏙 들어간 거 보니 노력의 열매가 맺는듯하다.

이제는 기도가 더욱 깊어진다. 내가 하는 자녀를 위한 기도뿐만 자녀가 자신과 하나님과의 관계를 위한 기도를 할 수 있도록 기도해야 한다. 기도를 위한 기도. 이 땅의 아버지가 참 좋은 사람이라는 사실을 더욱 잘 느끼게 노력해야 하고, 참 아버지이신 하나님은 더 좋으신 분이라는 것을 인격적으로 깨닫게 기도해야 하겠다.

코로나로 꽃다발과 짜장면은 없어도 졸업은 아름다운 것이며, 부모도 아이도 한 단계 성숙해져 가는 과정임은 분명하다. 아들, 졸업 축하해~. 중학교, 고등학교, 대학교 졸업 때 그리고 군 제대의 날에는 꼭 꽃다발 들고 다정하게 사진 찍자꾸나.

詩

사랑하면 예뻐지는 게 아니라

사랑하면 모든 것이 예뻐 보인다.

사계절이 늘 비추어지는

호수는 어떤 숲의 얼굴이

가장 예쁘게 보일까?

어쩌면 녹음의 짙음과

울긋불긋한 치장보다는

민낯의 겨울 숲의 얼굴이

가장 예뻐 보일 듯.

내가 지금 사랑하는 사람을

바라보는 마음처럼.

겨울날 파리에서: 파리의 가이드를 꿈꾸며

　나의 마음속 아주 깊은 곳에 간직하고 있는 꿈은 파리의 가이드가 되는 것이다. 어쩌면 지금은 되는 것이었다가 맞을 것 같다. 그 꿈의 열정이 뜨거울 때 나름대로 파리의 지도를 펴 놓고 몇 차례 방문의 기억을 더듬으며 여행 동선을 짜보았다. 파리의 첫 방문 장소를 어디로 할까를 가장 고민을 많이 했던 것 같다. 모나리자가 있는 루브르, 미술책을 보는듯한 오르세, 고즈넉한 베르사유, 그리고 파리의 상징 에펠탑 등 내가 만약 가이드가 된다면 난 몽마르트르로 사람들을 데리고 갈 것이다. 누구나 파리에 오면 에펠탑을 보고 싶은 마음이 한가득할 테지만 처음부터 그 압도적인 모습에 매료되는 것보다 몽마르트르 언덕을 오르면서 아스라이 보이는 에펠탑을 보면서 애타는 마음을 갖도록 하고 싶다.

　나의 첫 배낭여행의 첫 숙소가 몽마르트르였기에 나는 아침에 눈을 뜨자마자 몽마르트르에 올랐다. 그때 보았던 엷은 안개에 보일 듯 말듯 잡힐 듯 맬듯한 에펠탑의 모습이 지금도 생생하다. 그 느낌을 공유하고 싶다. 코로나 등 셀 수 없는 이유로 가이드가 되기는 쉽지 않겠지만, 내 가족이라도 꼭 한번 파리로 데려가 내가 짜놓은 동선대로 가보고 싶다.

프랑스에서는 주례사나 결혼식 때 덕담으로 건네는 말 중의 하나가 "자녀들을 다소 희생시키는 한이 있더라도 애정을 지키라."이다.

자녀를 다소 희생시키는 한이 있더라도. 그만큼 부부의 애정을 지키기 어렵다는 방증일 것이다. 자녀를 위해 많은 것을 희생하는 우리나라의 부부, 가정생활과는 사뭇 상반된 이야기이다. 하지만 결혼 생활 20년을 천천히 돌아보면 부부의 애정이 가득할 때 자녀의 양육도 순탄했다. 여기에 부부의 신앙이 견실하다면 가정은 더할 나위 없이 평안하다. 오늘도 아내 손을 잡고 걸으며 평안함을 느껴본다.

詩

그리움은 눈과 같이 내려

아픔이 될 줄 알면서도.

차곡차곡 쌓여간다.

결국, 햇살 한 줌으로 사라지고

응달진 곳은 미련으로 버틴다.

이내 또한 사라진다.

눈이 내리고 녹음이

나의 의도가 아니듯

그리움의 휘발도

그리니치 천문대에서: 주님의 시간

더블린에서 어학연수 중 런던 여행 계획을 짜면서 런던에 어학연수 중인 친구에게 연락했더니 그리니치 천문대에 꼭 가라고 그 이유와 함께 메일을 보내왔다. 런던탑, 런던아이, 버킹엄 궁, 빅뱅 등 가야 할 곳이 많았지만, 친구가 조곤조곤 설명해 준 성의가 갸륵하여 그리니치를 갔었다. 우선 세계의 기준의 시계라고 하기에는 작은 모습에 당혹스러웠지만, 지금도 기억에 남는 건 천문대를 오가는 길의 풍광과 캠퍼스의 호젓한 모습은 생생하며 복잡한 런던을 살짝 벗어나 여행의 여유를 누리기에는 충분하였다.

오늘 주일 온라인 예배 가운데 예배 중 그리니치 천문대가 불쑥 떠올랐다. 리버풀과 맨체스터 기차가 처음 생겼을 때 가장 애를 먹은 게 지역마다 시간이 다르다 보니 기차 시간이 맞지 않는 것이었다. 그래서 고안한 것이 영국의 모든 기차 시간은 그리니치 천문대의 시계를 표준으로 따르게 되었다. 그리고 나서 다른 기관들도 그리니치 천문대의 시간을 표준으로 정했다.

나의 기준을 생각해 보았다. 내가 정한 기준은 영국의 처음의 기차 시간표와 같지 않나 생각해 보았다. 내가 정한 기준으로 내가 편한 방법으로 신앙생활을 하고 있다는 생각이 들었다. 코로나 가운데 신앙의 기준은 더욱 내가 중심이 되며 나의 편의가 중심이 되고 있다. 믿는 이에게 기준은 분명하다. 일초도 틀림없는 하나님의 기준에 더욱 맞추어 가야 하겠다.

詩

봄을 기다리며

초록이 아닌 연두색 새순

여린 설렘을 기다리며

당신을 기다리며

내 뜻이 아닌 당신의 뜻

강한 이끎을 기대하며

겨울 같았지만 따뜻했던 군대 이야기:
고독이 송축으로

부르면 눈물이 나는 찬양이 있으며 어느 구절에서는 목이 메는 찬양이 있다.

"너의 작은 신음에도 응답하시니. 너는 어느 곳에 주를 향하고 주만 볼지라."

나의 군 생활은 참 많이 고독했다. 장교로서 임무를 수행하는 것이 분명 병사들의 삶보다는 육체적으로는 편했지만, 반면에 장교이기에 겪어야 할 남모를 고충도 분명 있는데 나에게는 고독이 그런 것이었다. 6개월 정도 소대장 임무를 수행하고 교육 장교로 임무를 수행하게 되었다. 넓지 않은 보급수송대대 지휘통제실에서 병사 3명과 함께 정보작전교육 등의 업무를 수행하였다. 근무 중에는 또래의 병사들이라 소통하며 잘 지내다가 퇴근 후 숙소에 돌아오면 헛헛함이 몰려온다. 여느 장교들처럼 술을 먹지 않으니 쉽게 어울리지 못하고 그다지 큰 부대가 아니기에 장교들과 어울려 운동하기도 쉽지 않았다. 병사들과 어울리기에는 병사들도 불편하고 소대장들이 있기에 나의 영역도 아니었다. 늘 숙소에 혼자 돌아와 책을 보다 당시 여자친구(지금의 아내)와 통화를 하는 게 일과의 전부였다.

그런 생활 속에서 내 마음속에는 군대 오기 전 뜨겁게 부르 짖었던 하나님의 열망이 남아있었다. 왠지 군대라는 조직에서 겉도는 느낌이 들었을 때 손 내밀어 주는 이가 있었으니 그건 같은 대대이지만 중대가 달랐던 정 모 상병이었다. 크리스마스 부대찬양 경연대회가 있는데 간부인 내가 지도자가 되어주었 으면 좋겠다는 것이었다. 이야기를 들어보니 병사들끼리 준비 하기에 믿지 않는 간부들과 생길 수 있는 마찰 해결, 또 병사 들의 종교활동 참여 제약 해결 등 여러 가지 돌발 상황을 해결 할 수 있는 유용한 대상이라 여겼나 보다. 흔쾌히 수락하고 함 께 연습하고 또 외출이 자유로운 간부라 떡볶이나 순대 등 간 식도 부지런히 제공하였다.

그때 찬양을 부르면서 얼마나 감격하고 은혜로웠는지, 하나 님 믿는다고 쉬이 유흥의 자리에도 가지 못하고 덩그러니 무 기력하게, 그리고 소속된 소대도 없이 남아있던 나에게 하나 님은 병사를 한 명 보내주시고 나에게 고독의 골짜기를 찬양 과 송축의 골짜기로 바꾸어주셨다. 그때 찬양이 바로 「주만 바라볼지라」였다. 성과도 좋아 상금도 받아 분식 파티 또한 열었었다.

오늘 성가대 석양 예배 안양대 곡은 「주만 바라볼지라」이었다. "물론 너의 작은 신음에도 응답하시니"라는 가사를 부르는데 눈물이 흘렀다.

어두웠든 힘들었든 마음 가운데 주님께서 빛과 같은 병사 한 명을 보내어 나의 군 생활 가운데 끝까지 주만 바라볼 수 있었던 그 은혜! 그리고 함께 찬양했던 병사들과 쌓았던 새벽기도의 제단!

지금의 삶 가운데 가장의 삶 직장의 삶 그리고 주가 맡기신 여러 직분의 삶 가운데서도 불러야 하며 찬양해야 하는 바로 고백, '너는 어느 곳에 있든지 주를 향하고 주만 바라볼지라'

詩

겨울이라 이름하기에는

한낮의 햇살이 제법 따사롭고

봄이라 부르기에는

아직 들꽃과 눈 맞춤을 못 했습니다.

봄을 기다림이

겨울을 떠남이 아니듯.

당신을 기다림이

외로움의 벗어남이 아닙니다.

제5부

심방 실전 이야기

"처음 심방을 할 때는 심방이 있는 날이면
꼭 새벽기도에 갔다.
그래서 그 영혼을 위해 기도하고,
심방에 임하는 마음을 정돈하였다.
모든 일은 기도가 앞서지 않으면
안 됨을 잘 알고 있었다."

심방을 나가기 전

학교를 먼저 가보는 것이 가장 좋다. 예전처럼 초등학교 정문이 하나가 아닌 요즘에는 담장이 없는 학교가 많다 보니 정문, 후문, 쪽문뿐만 아니라 아파트 단지 안에 있는 학교는 아파트로 나 있는 문이 있어서 잘 살펴야 한다. 여기서 주의해야 할 점은 문이 크다고 절대 정문 아니니 꼭 상급학생들이나 경비원분께 확인하는 것이 중요하다. 그리고 무엇보다 차를 가지고 갈 때 어디에 주차할지를 미리 정하고 가는 것 또한 꼭 확인해야 할 부분이다. 등굣길은 참으로 혼잡스럽다. 그래서 간혹 여유롭게 도착하지 못하면 주차를 하다가 학생을 놓기도 한다.

심방을 한창 다닐 때 많은 분이 몇 시에 나가느냐고 물으면 나는 으레 동트기 전에 나간다고 하고 이야기하는데, 심방에서 가장 중요한 것은 학생을 만나는 것이니 사전에 철저한 준비는 필수이다. 그래서 만날 수 있는 장소를 미리 정해두는 것이 좋다. 학교 안에 큰 정자나 나무가 있다면 그 아래도 좋고, 문구점 앞 눈에 띄는 간판이 있다면 피아노나 태권도 학원도 좋다. 학교 안은 될 수 있는 대로 정하지 않는 것이 좋다. 코로나 이후 외부인의 출입을 철저하게 통제하는 학교가 많고, 지나가는 이름 모를 사람들에 의해서 제보가 많이 들어오다 보니 학교 측에서도 교문 밖으로 내보내는 경우가 많다.

학생의 동선

이제 어느 정도 학교의 지형지물이 파악되었다면 이제는 학생의 동선을 조사하는 것이다. 우선 내가 정한 곳이 있다면 그곳에 모임을 유도하면 좋다. 하지만 학생들의 등교 루틴을 될 수 있는 대로 지켜주는 게 좋다. 특히 믿지 않는 부모님들은 아이가 곧바로 학교에 가기 원하기 때문에 굳이 심방을 위해서 다른 곳으로 가는 것을 좋아하지 않기 때문이다. 그저 만남을 허락하심에 감사하는 마음을 가져야 한다. 그래서 만남의 장소를 정하면 몇 시에 그곳을 통과하는지 물어보고 시간을 정하는 게 좋다. 이것 또한 될 수 있는 대로 학생의 등교 시간을 존중해주는 것이 좋다.

내가 조금만 더 일찍 가거나 기다리면 되느니 충분히 조절이 가능하다. 너무 외진 곳은 의심을 받을 수 있으니 피하는 게 좋다. 어느 정도 학생들이 있는 곳에서 심방을 하는 것이 좋다. 심방 학생에게 간식 상자를 전해주거나 기도를 해줄 때 많은 다른 친구들이 호기심을 불러일으킬 수 있으며, 마침 옆을 지나가는 친구도 자연스럽게 전도의 기회를 가질 수 있기 때문이다.

약속 날짜

심방의 전체적인 계획은 한 학기 단위로 짜는데, 일정한 규칙을 정하는 게 좋다. 예를 들면, 거리가 교회에서 거리가 먼 학교부터 시작하는 것도 좋고. 한두 번 심방의 경험이 있다면 처음으로 심방을 받는 학생들이 있는 학교부터 심방을 시작하는 것이 좋다. 그래서 매 주일 학생들에게 미리 심방 가는 학교를 공개해야 한다. 이것은 마음의 준비뿐만 아니라 언제 우리 학교로 올지 하는 기대감을 불러일으켜 줄 수 있기 때문이다. 내심 심방을 기다리는 학생들이 많다는 사실을 알고는 더욱 심방의 중요성을 깨닫곤 한다.

간식 준비

  학생을 만나러 가는 길에 빈손으로 가는 것은 절대 안 된다. 간식 반드시 준비해야 하며, 될 수 있으면 학생들이 들기 편하면서 다른 학생들의 이목을 끄는 것이 좋다. 나는 그래서 늘 종이 상자를 준비하였고, 그 안에는 외국 과자나 초콜릿을 특별히 갖추어 양보다는 질로 승부를 걸었다. 종이 상자 겉에는 교회 이름과 예배 시간을 표시한 스티커를 부착해서 학생들이 그 가방을 책상에 올려놓았을 때 자연스럽게 교회에 다니는 학생이며 관심을 끌 수 있도록 한다.

  그리고 다른 친구들에게도 나누어 줄 수 있을 만큼의 작은 사탕이나 초콜릿을 넣어주면 더욱 좋다. 옆에서 호기심을 갖는 친구들을 그냥 보내는 것은 전도의 기회를 놓치는 것이니 작은 비닐봉지에 엽서 크기의 전도자와 작은 사탕이나 초콜릿을 준비해가서 활용하면 된다. 그 전도자에는 예수님이 너를 사랑한다는 메시지와 교회 예배에 대한 간단한 내용 등을 담아주면 예상보다 많은 학생이 관심을 둔다.

  내가 속한 부서가 초등부 4학년~6학년이다 보니 동생들과

함께 등교하는 학생들이 있어 사전에 동생의 유무를 잘 파악
하여 별도로 작은 간식 선물을 준비해 갔다. 다 하나님의 무리
이며, 양이다.

사진 촬영

사진 촬영은 필수이다. 보여주기식을 위한 것이 아니라 우선 사진이 있으면 명확하게 심방 인원과 장소가 파악하기 쉬우며 네이버 밴드 등을 통해 어떻게 심방이 이루어지는 것을 사전에 시각적으로 광고할 수 있는 효과가 있다. 그리고 밴드 등을 통해 정리하면 현재 진행 상황을 일기 형식으로 볼 수 있으므로 여러 가지로 도움이 많이 된다.

밴드를 활용하는 팁을 드리자면 밴드의 활성화를 위해서는 연초에 심방을 시작하기 전 간단한 밴드 이벤트를 통해 가입 인원을 최대한 늘리고 평상시 많은 정보 등이 오가는 것을 홍보할 필요가 있다. 예를 들면, 연초에 '내가 가장 좋아하는 말씀과 가장 잘하는 것 적기'와 같은 간단한 임무를 주어 학생들과 부모님이 올리면 선물을 아낌없이 주어야 한다. 그리고 그 밴드에서 선생님들이 임무 인증을 할 수 있게 하면 학생들과 학부모, 교사들이 밴드를 유용하게 활용할 수 있다.

새벽기도와 현장기도

처음 심방을 할 때는 심방이 있는 날이면 꼭 새벽기도에 갔다. 그래서 그 영혼을 위해 기도하고, 심방에 임하는 마음을 정돈하였다. 모든 일은 기도가 앞서지 않으면 안 됨을 잘 알고 있었다. 그 학생을 위해 기도하고 파악이 되었다면 그 학생의 가정, 특히 믿지 않는 부모라면 더욱 간절히 기도했다. 새벽기도를 못 나가는 날이면 현장에 미리 도착하여 작은 기도를 드리고 시작하였다. 학생들에게 전할 이야기도 마음속으로 정리해 보고, 무엇보다 학생들을 만나는 내 마음의 정결함을 위해 기도로 임했다.

동 행

첫 번째 심방은 혼자 다녔다. 부장 집사가 혼자 심방 다니는 것을 유난스럽게 보는 사람들도 있었지만 오래전부터 내가 꿈꾸던 장면이 차에 간식을 한 아름 싣고 학교 앞으로 심방을 가는 것이었기에 포기할 수 없었다. 어쩌면 개인의 바람을 채우러 갔던 것일지도 모른다.

첫 심방은 옥산초였다. 학생 3명과 학부모를 만났다. 교회에서 학생들을 만나는 것과 다른 결의 반가움으로 아이들과 안부 인사와 짧은 기도를 나누었다. 37개 초등학교 심방을 하나님의 일하심을 기대하며 시작. 기도도 어색하고 아이들과의 만남도 어색하지만, 귀엽게 웃는 모습에 마음이 녹아내린 첫 심방. 심방 후기로 이때 학부모님이 아침 일찍부터 심방을 다니는 모습에 감동을 받아 봉사하기로 했다는 간증을 들려주셨다. 정말 감사한 일이다. 지금도 교회에서 눈부시게 봉사하는 백 집사님을 뵐 때마다 첫 심방의 감격이 떠오른다. 하나님의 계획하심, 사람을 통하여 일하심에 감격의 시작이다.

통학버스 학생을 위한 심방

시내에서도 원거리로 통학하는 학생들을 만날 때 학교에서 만나기가 어렵다. 바로 내려서 교실로 들어가기에 낯선 사람이 학교 안으로 들어가는 것도 어려울 뿐만 아니라 종교적인 전도도 불가하다고 한다. 그래서 생각해낸 아이디어가 통학버스 타는 곳으로 미리 가서 만나기이다.

동생 손을 꼭 잡고 걸어오는 누나의 모습을 보면서 귀한 남매의 우애를 지켜달라고 하나님께 기도했다. 더욱이 부모님께서는 음료와 간식을 챙겨주심을 받아들고 심방의 자리는 나눔의 자리이고 생각했으나 오히려 부담을 가질 수도 있겠다는 생각이 들기도 하여서 꼭 대접을 받았으면 작은 커피 쿠폰이라도 보내드렸다. 이렇게 부모님과의 교제도 이룰 수 있겠구나 하는 생각이 들었다.

교사의 동행

학교 앞 심방이 시작하고 2주 만에 처음으로 교사분들의 동행이 시작되었다. 요즘 엄마들도 대부분이 직장에 출근해서 아침 시간 자녀들을 챙기고 직장 가느라 심방의 자리에 함께하기가 어렵기에 어떤 강요도 하지 않았으나 무려 세 분이 몸과 마음을 움직여 주셨다. 사실 심방을 시작하면서 드렸던 기도 제목 중 하나가 우리 교사들도 함께 참여하는 것이었다.

첫 심방 기념으로 브런치로 조식을 대접했으며, 이야기를 통해 교사와의 교제를 시작함에 감사를 드렸다. 그날 이후로 심방에 자주 나오신 교사분은 연말에 다른 부서로 옮기게 되었다. 그분은 등교 심방 때 맛있는 것을 많이 사 주셔서 꼭 보답하고 떠나야겠다고 생각하셨다며 눈이 많이 오는 날 작은 커피숍에서 음료를 대접해 주셨다. 달콤한 초콜릿라떼를 마시면서 지난 이야기를 나눌 수 있었다.

놀이터 심방

　큰 제목은 등교 심방이지만 중요한 것은 학생을 만나는 것이기에 많은 학생이 있는 아파트 단지로 심방 장소를 잡는 것 또한 좋은 시도이다. 학교 가는 정적인 모습보다 아파트 놀이터에서 뛰어노는 아이들을 만나고 즐겁게 지내는 것 또한 유익함이 크다. 교회 예배당이라는 좁은 공간이 아닌 확 트인 넓은 공간에서 아이들을 만나고 이야기 나누고 하는 유익함이 크다. 놀이터에 찾아오는 다른 친구들도 자연스럽게 전도할 수 있는 기회도 제공된다. 그때 한 아이의 심방으로 그 놀이터에서 전도된 아이들이 10명을 넘으니 놀이터는 전도의 전도를 낳는 아주 기회의 땅이다.

목사님 자녀 심방

등교 심방 중 살짝 부담되는 자리는 무엇보다 사역자 자녀 심방이다. 교회에서 뵐 때와 다른 마음이 든다. 그리고 사역자 앞에서 그분의 자녀를 위해 기도하는 것도 많이 어색하다. 그런데도 용기를 내어 담대하게 그 자녀를 위해 간절히 기도한다.

아내도 지금은 전도사로 사역자 길을 걷고 있기에 사역자 자녀의 삶을 조금씩 느낀다. 결코 쉬운 길은 아니라는 것을 잘 안다. 그렇다고 세 자녀에게 많은 것을 제한하거나 강요하지는 않지만, 스스로가 조심하려는 모습이 안쓰럽기도 하고 감사하기도 하다. 교회에서도 물론 희생해야 할 부분이 분명히 있음 또한 안다. 부장 집사로서 큰 선물이 걸린 행사 등에 우리 아이가 혹시 상품을 타면 어쩌지 하면서 걱정을 하기도 한다. 무작정 양보를 강요할 수도 없다. 그래도 엄마, 아빠가 교회에서 하는 일을 조금씩 이해하는 모습이 고맙다.

심방 후에는 교사와의 시간

심방을 마친 후에는 심방에 나온 교사들과 친교의 시간을 갖는 것은 참 유의미하다. 미리 심방에 참여할 수 있는 교사를 파악하고 학교 근처 도보로 이동할 수 있는 곳이면 좋다. 아침에는 보통 간단한 빵과 커피를 마시곤 했지만, 선생님들과 사전에 연락해서 메뉴를 정하는 것도 하나의 심방 준비이다.

모든 관계는 마음만으로 이루어지는 것이 아니라 연락하고 소통하고 또 만나고 눈을 마주치면서 이야기를 나누는 것으로 이루어진다. 그래서 우리 예수님도 우리에게 모이기를 힘쓰라고 말씀하셨다. 그리고 교회가 아닌 다른 곳에서 교사들을 만나면 아주 소소한 주제부터 진지한 이야기까지 자유롭게 이야기 나누면서 서로를 더욱 긴밀하게 알아가고 서로의 기도 제목을 알 수 있음에 아주 좋다. 어느덧 우리 부서는 어디 학교에 가면 어디로 가서 차를 마시거나 식사를 하는 것이 하나의 규칙이 되었다. 심방을 통한 학생과의 만남이 교사들의 만남으로까지 이어지는 아름다운 만남이 이루어진 것도 하나님의 은혜이다.

에필로그

또 한 번의 심방을 마무리하며

　네 번째 행복한 학교 앞 심방이 마무리되었습니다. 작년에 두 번, 올해 두 번. 이렇게 전반기, 후반기로 관내의 초등학교 30여 곳을 대개는 4번 정도 방문하였습니다. 아직도 아침마다 학교 앞에 찾아가 어린 영혼을 만나는 일이 진심으로 기쁘게 느껴짐이 은혜입니다. 아침 학교 앞 심방 중 가장 큰 유익은 교사들과 함께함임을 봅니다. 그것 또한 하나님의 계획하심과 일하심이라는 사실에 더욱 놀랍습니다.

　하나님께서는 처음 혼자서 심방을 다닐 때는 내가 너와 함께한다는 위로를 주셨고, 두 번째는 한 명 한 명을 심방의 자리로 나오게 하셔서 그 교사들의 영혼을 향한 따뜻한 마음을 보여주시면서 저의 마음마저 점검해 주셨습니다. 세 번째는 풍성함으로 채워주셨습니다. 학교 앞에 뿌린 예수님의 마음이 열매로 맺게 하시는, 이루 말할 수 없는 성령님의 감동을 선물해 주셨습니다. 네 번째 심방에서는 내가 예수님 옆에 예수님이 내 옆에 늘 함께하심을 깨달아 알게 되었습니다.

그날그날 학생을 만남도 좋았지만, 올해 세 번째 심방에서는
아침마다 많은 교사를 만나게 하심, 그리고 교제하게 하심이
라는 하나님의 계획하심에 즐거운 마음뿐입니다.

하나님의 일을 한다는 것은
하나님의 일하심의 기쁨을
체험하는 것이라 믿습니다.
믿음이 없이는 기쁘시게 못 하나니….
그 믿음은 기쁨으로 자라남을 믿습니다.
그 기쁨은 세상의 어떤 것으로도 대체할 수 없는
하나님 자체가 그 기쁨임을 믿습니다.
우리 교사분들 모두 진심으로
사랑하고 축복합니다.
한 분 한 분이
부족하고 연약한
부장 집사의 눈물이며 기쁨입니다.

2023 고마운 교사분들

박경아, 안소윤, 김해영, 오경애, 윤병일, 이혜진, 박미경, 김동하,
박은주, 김미경, 안은정, 정영이, 박재현, 안명아, 이에스더,
김유진, 박은종, 김화영

내가 예수님 옆에
예수님이 내 옆에

펴 낸 날　2023년 11월 10일

지 은 이　안선우
펴 낸 이　이기성
기획편집　이지희, 윤가영, 서해주
표지디자인　이지희
책임마케팅　강보현, 김성욱
펴 낸 곳　도서출판 생각나눔
출판등록　제 2018-000288호
주　　소　경기 고양시 덕양구 청초로 66, 덕은리버워크 B동 1708호, 1709호
전　　화　02-325-5100
팩　　스　02-325-5101
홈페이지　www.생각나눔.kr
이 메 일　bookmain@think-book.com

• 책값은 표지 뒷면에 표기되어 있습니다.
　ISBN　979-11-7048-618-3(03230)